寻蜀記

从考古看四川

萧 易 / 著

广西师范大学出版社

GUANGXI NORMAL UNIVERSITY PRESS

·桂林·

Xun Shu Ji
Cong Kaogu Kan Sichuan

项目统筹：廖佳平
策划编辑：邹湘侨
责任编辑：邹湘侨　唐　燕
助理编辑：唐划弋
营销编辑：李迪斐
书籍设计：徐俊霞　王玲芳［广大迅风艺术］
责任技编：王增元

图书在版编目（CIP）数据

寻蜀记：从考古看四川 / 萧易著. --桂林：广西
师范大学出版社，2021.1（2022.4 重印）
ISBN 978-7-5598-3062-3

Ⅰ．①寻… Ⅱ．①萧… Ⅲ．①考古发掘－概况－四川
Ⅳ．①K872.71

中国版本图书馆 CIP 数据核字（2020）第 139858 号

广西师范大学出版社出版发行
（广西桂林市五里店路 9 号　　邮政编码：541004）
网址：http://www.bbtpress.com
出版人：黄轩庄
全国新华书店经销
广西广大印务有限责任公司印刷
（桂林市临桂区秧塘工业园西城大道北侧广西师范大学出版社
集团有限公司创意产业园内　　邮政编码：541199）
开本：880 mm × 1 240 mm　1/32
印张：12.125　　字数：317 千
2021 年 1 月第 1 版　　2022 年 4 月第 6 次印刷
定价：88.00 元

如发现印装质量问题，影响阅读，请与出版社发行部门联系调换。

微观的四川

公元前316年，秦惠文王遣大夫张仪、司马错率兵伐蜀，蜀王败绩，后为秦军所杀，古蜀国就此覆灭。亡国阴霾下，古蜀国王公贵族何去何从？

大约汉代的一天，大鸿胪荆文君在府上遭遇飞来横祸，在宫中出任黄门侍郎的儿子荆中，因事得罪皇亲国戚，罪该当诛。皇帝念在荆文君昔日平定羌人有功，且年事已高，这才赦免了荆氏的死罪，令其举家流放至蜀地。

中大通五年（533）正月十五日，上官法光之妹令玉尼去世，崇信佛教的上官法光找来工匠，为亡妹开凿了一龛释迦像，希望她能往生净土，也将一家老小的形象留在了佛龛背面。

宋端平年间（1234—1236）的一天，成都府彭州城，夜深了，董宅的灯还亮着，董家上下面色凝重，听说蒙古人从大散关打来，恐怕不久便打到彭州，倘若蒙古人进城，不但家中的金银器难保，连性命都难以保全。董家人商量再三，决定将金银器挖坑埋藏，暂避风头，尔后踏上了流亡之路。

明正统三年（1438），宣抚司佥事、昭信校尉王玺，领着龙州城的番人远赴京师，例行朝拜、进贡，并向明英宗递上了意图创建报恩寺的奏折。两年后，王玺在龙州城中修建报恩寺，将朝廷的恩泽如同雨水一样洒在王国的边陲。

清道光二十年（1840），梓州盐亭县乡绅倡议重修莲池寺前字库塔，乡绅的倡议得到耆英、文生的响应，耆英蒲思儒捐钱四百文，文生王德炳、王德洋共捐钱四百文。

战国年间的开明王族，汉代的荆氏家族，南北朝的上官法光，宋代的董氏家族，明代的土司王玺，清代的耆英、文生……他们的故事，或隐藏在地下的墓葬、窖藏，或铭刻在地上的石窟、碑刻，不见于史料记载，也并非什么惊天动地的大事，倘若不是因为这些遗址，我们或许很难知道其名字，以及伴随他们的流亡、离愁、死亡、恐惧、信仰。

在荆文君、上官法光、董氏所处的时代，他们的生活，或许与身边的蜀人别无二致；而今日，他们的故事，却成为后人解读历史的标本。拿董家来说，1993年，董宅的珍藏在一次施工中被发现，这便是著名的彭州西大街金银器窖藏。窖藏共出土了350余件金银器，包括金菊花盏、金瓜盏、凤鸟纹银注子、银梅瓶、金钗、金簪等诸多类别。八百多年前宋人精致奢华的生活，重现于世，验证了《东京梦华录》《武林旧事》中关于宋人喜好金银器的记载。南宋末年，蒙古入侵巴蜀，四川州县大多被攻破，无数蜀人踏上流亡之路，董家的遭遇，恐怕也是千万悲剧之一。

这些名不见经传的蜀人，给了我全新的角度。我们熟悉的历史，往往是通史的书写方式，比如汉朝，从公元前202年到公元220年，延续四百余年，它的历史，却被缩略在《汉书》与《后汉书》中，就连位列大鸿胪的荆文君，都未能留下只言片语。史学家分配给蜀地的章节，就更为有限了，直到今天，我们对汉代蜀地的了解，只是停留在"列备五都""锦官城""文翁兴学""文君当炉"几个关键词上。

可以想象,大汉王朝的每一个郡,每一个县,每一个乡村;每一年,每一天,每一刻,都有无数故事发生,只是未进入史学家的视野,自然也就鲜为人知了。从 20 世纪 50 年代开始,为数众多的考古发掘,让我们得以有机会管窥这个庞大帝国的细节。就汉代而言,四川就接连发现了绵阳双包山汉墓、成都老官山汉墓、德阳塔梁子壁画墓、安宁河流域大石墓等,而在山野林间,汉代崖墓更是密如蜂巢,其数目何止万计。

1993 年,绵阳市涪城区磨家镇双包山发现一处大型西汉木椁墓群,墓中出土了包括经脉漆人在内的大量漆器,墓主身份极为高贵,当在列侯之上;2012 年的成都老官山汉墓,不仅出土了蜀锦织机模型,还有诸多医简,其中部分医简上多次出现"敝昔"名称,古时"敝昔"通"扁鹊",医简可能属于失传已久的扁鹊学派;塔梁子壁画墓的主人,则是昔日获罪西迁的荆氏家族,荆文君子孙在这片陌生的土地上生活,也把中原地区流行的壁画带到了蜀地。

大汉王朝的边陲,北方丝绸之路沿途分布着楼兰、龟兹、乌孙、焉耆等诸多古国,而在西南,昆明、邛人、笮人、滇人、夜郎等部族,则分别把持着广袤的土地。此前,我们对于这些部族的了解,来自司马迁的《史记·西南夷列传》:

> 西南夷君长以什数,夜郎最大;其西靡莫之属以什数,滇最大;自滇以北君长以什数,邛都最大:此皆魋结,耕田,有邑聚。其外西自同师以东,北至楪榆,名为嶲、昆明,皆编发,随畜迁徙,毋常处,毋君长,地方可数千里。自嶲以东北,君长以什数,徙、筰都最大;自筰以东北,君长以什数,冉駹最大……

自 20 世纪 50 年代以来，《史记》中的"西南夷"陆续在考古发掘中得到证实，那些消失的部族，向后人展示着自己的战争、外交，乃至对死亡的态度。安宁河流域矗立着两百余座大石墓，由重数吨、数十吨的巨石垒砌而成，墓中尸骨累累，史前的邛人部落对死亡极为敏感；筰人则是些狠角色，老龙头墓地出土了大量青铜兵器，有意思的是，滇人的编钟、铜鼓，昆明人的双环首剑、臂甲，蜀人的三角援戈、巴蜀图语带钩都在墓地出现，史前的筰人还是些做生意的好手。

这些汉代的遗迹、墓葬，让我们得以接触汉代蜀人的鲜活生活，倘若串联各个时期的遗址，也就翻开了一部史书外的历史：先秦时代的宝墩古城、三星堆青关山遗址、金沙遗址、蒲江战国船棺葬，南北朝的万佛寺遗址，唐代乐山大佛与它的"兄弟们"，宋代的泸县宋墓、彭州金银器窖藏，明代王玺家族的报恩寺、张献忠江口沉银，清代盐亭的字库塔……

在《寻蜀记》中，我选择了四川近年来一些具有代表性的考古发掘，以及荒野田畴的遗址，试图从微观的剖面，解读蜀地历史——它的主角，大多是名不见经传的小人物；它的故事，来源于某些被史书遗忘的片段。

目 录

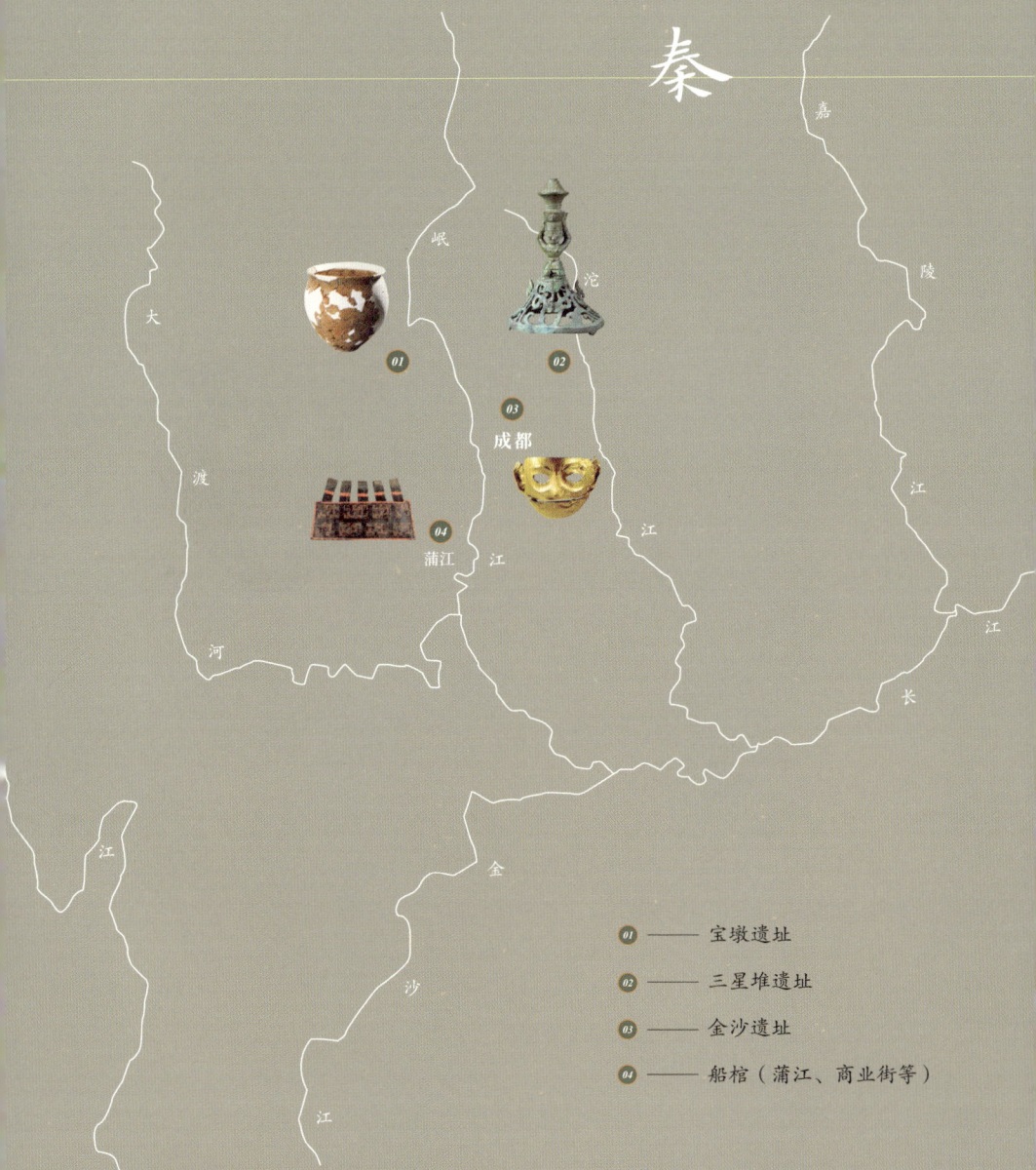

先秦

大
渡
河

岷
江

沱
江

成都

江

嘉
陵
江

长
江

金
沙
江

蒲江

01

02

03

04

01 —— 宝墩遗址

02 —— 三星堆遗址

03 —— 金沙遗址

04 —— 船棺（蒲江、商业街等）

绳纹花边口罐

1995 年冬天，一座新石器时代的古城在成都平原被发现，2009 年证实该城址规模达 276 万平方米，这便是宝墩古城，继石峁、良渚、陶寺之后的第四大史前古城，讲述着古蜀人的拓荒史与建城史，有力地证明了成都平原也是文明起源的重要源头，中国文明版图就此改写。

宝墩遗址

改写中国文明版图的史前古城

土埂子下，隐藏古蜀密码

新津县宝墩村距离成都市区约40千米，与散落在成都平原上成百上千的村落一样，春华秋实，西河与铁溪河分别从村子东北、西南面穿过，汩汩清泉灌溉着这片沃土。要说宝墩村有什么特别之处，一马平川的旷野中，却突兀地耸起一道道高二三米、宽一二十米的土埂子。关于这些土埂子，村里流传着这么个传说：古时一条金龙与一匹天马在天空中嬉戏，霞光万道，祥云飞舞，突然，金龙与天马一头栽到村子里，一时间地动山摇，大地上就横亘着一道道类似"龙脊"的埂子了。

早在20世纪50年代，这些土埂子就引起了文物部门的关注。1953年，西南博物院学者徐鹏章来到宝墩村，在土埂子上找到若干汉砖、陶片，推断其为战国—汉代的古城墙。1984年，成都市博物馆考古队又在土埂子上找到了若干汉代砖室墓。两年后，在成都平原另一端的广汉鸭子河畔，三星堆两个祭祀坑被发现，出土的青铜神树、青铜大立人、纵目面具、金杖等诸多珍贵文物，令世人得以窥见古蜀文明的荣光。有细心的学者发现，从考古地层来看，三星堆一期文化与二、三、四期文化差别很大，似乎分属两种不同的文化类型。不过，这个质疑很快就湮没在"一醒惊天下"的喜悦之中了。

两次考古调查并没有给土埂子带来什么改变，在宝墩村，它们往往被开垦成农田、菜地，也有人觉得地势高、风水好，在上面建起了房屋。在此过程中，一些残破的陶片、磨得滑溜溜的石块也被刨出来。1995年秋收后，成都市考古队再次来到宝墩村，在一段叫真武观的土埂子上开挖探沟，结果出土了大量陶片、石斧、石锛、石凿，证实真武观确是人工夯筑成的城墙，不过其年代却比想象中的战国—汉代提前了大约2000年之久——城墙夯筑于4500年前，大约相当于新石器时代末期，也就是通常所说的龙山时代。

1996年底，一支由成都市考古队、四川联合大学考古教研室、日本早稻田大学、新津文管所组成的中日联合考古调查队进驻宝墩，经过数月的调查，认定诸如蚂蟥墩、李埂子、余埂子等土埂子也是城墙遗址，它们围成了一座长1000米、宽600米，面积约60万平方米的古城，这也是成都平原乃至中国西南最大的史前古城。

作为中华文明探源工程第三段课题的前期调查工作，从2009年开始，成都市考古队再次来到宝墩村，寻找到有关成都平原文明起源的更多线索，游埂子也就成了本次调查的突破口。

276万平方米，中国第四大史前古城

我来到村里时，游埂子已被一条20余米的考古探沟拦腰斩断，站在2米多深的探沟中，在城墙的横截面上可以清晰地看到一条条不规则的曲线，如同藏在泥土中的水波纹。曲线是古人夯筑城墙的遗迹，古人担一些土，尔后斜向拍打夯实，一条曲线就代表这样一个过程。（图1-2、3）

游埂子长约500米，残高0.5—3米，最宽处22米，与真武观同样采用堆筑技术。这也是中国南方新石器时代古城常用的筑城方法：由平地起建，在中间堆筑数层后，再由两边向中间斜向夯打，城内侧斜坡堆筑层次多，故坡缓；城外侧堆筑层次少，故坡略陡。这样堆筑起来的城墙往往墙体庞大，坡度却比较缓和。出于防御的考虑，城墙外围往往开挖壕沟，也就是通常说的"护城河"，而中国南方充沛的降水量与频繁的洪灾，也需要壕沟排水、泄洪。

游埂子距离1996年发现的西城墙约600米，同为东西走向，这是否意味着它可能是宝墩古城的外城墙？此后，石埂子、狗儿墩、王林盘等土埂子又相继被确认为宝墩时期的城墙遗址。新发现的城墙皆位于1996年的古城外围，围成了一个更加恢宏的古城。原来，宝墩古城由内外两重城墙包围，内外城墙四个方向都挖有壕沟。就年代而言，外城墙晚于内城墙，推测宝墩古人最早生活在内城，尔后由于人口急剧膨胀，这才拓展到了外城。宝墩古城内城与外城的城市格局，是迄今世界最早的城市规划，在世界城市发展史上具有重要地位。

图1-1 许多朝代的蜀人，都在这片土地上留下了自己的痕迹

图1-2 游埂子西段探沟

图1-3 游埂子西段剖面，城墙内部的
水波纹，即是古蜀夯筑城墙的痕迹

经过测算，宝墩外城为不规则的圆角长方形，长约 2000 米，宽约 1500 米，周长近 6200 米，面积则达到了惊人的 276 万平方米，仅次于陕西榆林石峁古城、浙江余杭良渚古城与山西襄汾陶寺古城，是中国第四大史前古城。有学者曾推测宝墩内城墙土方量在 25 万立方米上下，按照这个比例来算，外城墙土方量约 115 万立方米，内外城墙总土方量达到了 140 万立方米，今天看来依旧是个庞大的工程，这也使得后人在惊叹于宝墩古人精湛的建筑技巧的同时，对古城的人力、政权也有了全新解读——在新石器时代，人人平等的氏族公社制度已走到了尽头，贫富分化促使阶级出现，王权逐渐掌握到少数人手中，城墙就是权力与秩序的象征。

古城中心，议事厅还是宗庙？

宝墩古城的中心，有个叫鼓墩子的圆形土堆，残高约 2 米，周围没有相邻的土埂子，这就排除了它作为城墙的可能性。村民传言，诸葛亮曾率蜀军七擒蛮将孟获，鼓墩子是诸葛亮操练兵马的点将台。不过，传说中的金戈铁马并未在发掘中出现，从地层面貌来看，鼓墩子过去是块水田，汉代人垒起了几十个一两米长的土埂子，排列成扇形，宋代人则开挖了一道道沟渠。我们不止一次地看到历朝历代的蜀人在田间辛勤劳作的痕迹。

随着汉代、宋代地层被一层层清理完毕，大约 500 平方米的考古探方中露出了 42 个 1 米见方的方形柱坑，根据走向可分为三部分，主体建筑长 20 米、宽 10.5 米，保留柱坑 28 个，其中东、西侧各 8 个，南、北侧各 5 个，房屋内部 2 个；两侧各有一个厢房，北厢房长 10 米、宽 7.5 米，南厢房长 9 米、宽 8 米，组成了一个"品"字形复合建筑。这也是宝墩遗址最大、成都平原最早的大型建筑遗址。

为了修建这几座大房子，宝墩古城的"建筑师"可谓殚精竭虑：建筑采用立柱式承重，先开挖柱坑，竖立梁柱后再加盖主体建筑，42根大型梁柱，可以想象主体建筑有多么恢宏。

进一步发掘表明，几座大房子周围并未发现灰坑等生活遗迹，倒是出土的陶罐、陶壶做工精细，纹饰精美，暗示这里并非普通百姓的居所。浙江省文物考古研究所所长刘斌多年来一直主持良渚古城的发掘，他认为大房子与良渚古城发现的大型建筑颇为相似且规模更大，可能是原始议事厅或宗庙场所。（图1-4）

鼓墩子外围有一些小型房屋基址，从残存的柱洞与基槽来看，应为"木骨泥墙"结构。所谓"木骨泥墙"，即墙体用树干做骨架，在此基础上编排篱笆，敷上厚厚的湿泥，再架上柴火将其烤干，这样的房屋具有通风、防潮的优点，在南方尤为流行。

房址附近的灰坑出土的陶器、石器、种子，则成为复原宝墩古人生活的线索：水稻、粟的出现暗示宝墩古人已是刀耕火种，过上了定居生活，他们还时常采集野生薏仁、豇豆、小米；狩猎是宝墩古人获得肉食的主要来源，锋利的石镞、石刀是得心应手的兵器；生活器皿则以陶器为主，敞口圈足尊、喇叭口高领罐、曲沿罐、折腹钵等，其上装饰水波纹、新月纹、指甲纹、长条纹等。

源自古羌，追踪宝墩人迁徙之路

迄今为止，成都平原并没有更为古老的遗址发现，那么，宝墩人究竟来自何方？岷江上游的茂县营盘山，曾发现一个距今5000年左右的遗址，出土文物既与宝墩文化相似，又与甘肃、青海一带的马家窑文化有诸多关联。从年代上说，马家窑文化更早，历来被认为是古羌人创造的文化。如此说来，便有这样一种可能，在新石器时代，一支古羌人从西北高原而下，经岷江

图1-4 宝墩古城大房子航拍图，这座规模庞大的史前建筑可能是古城的宗庙

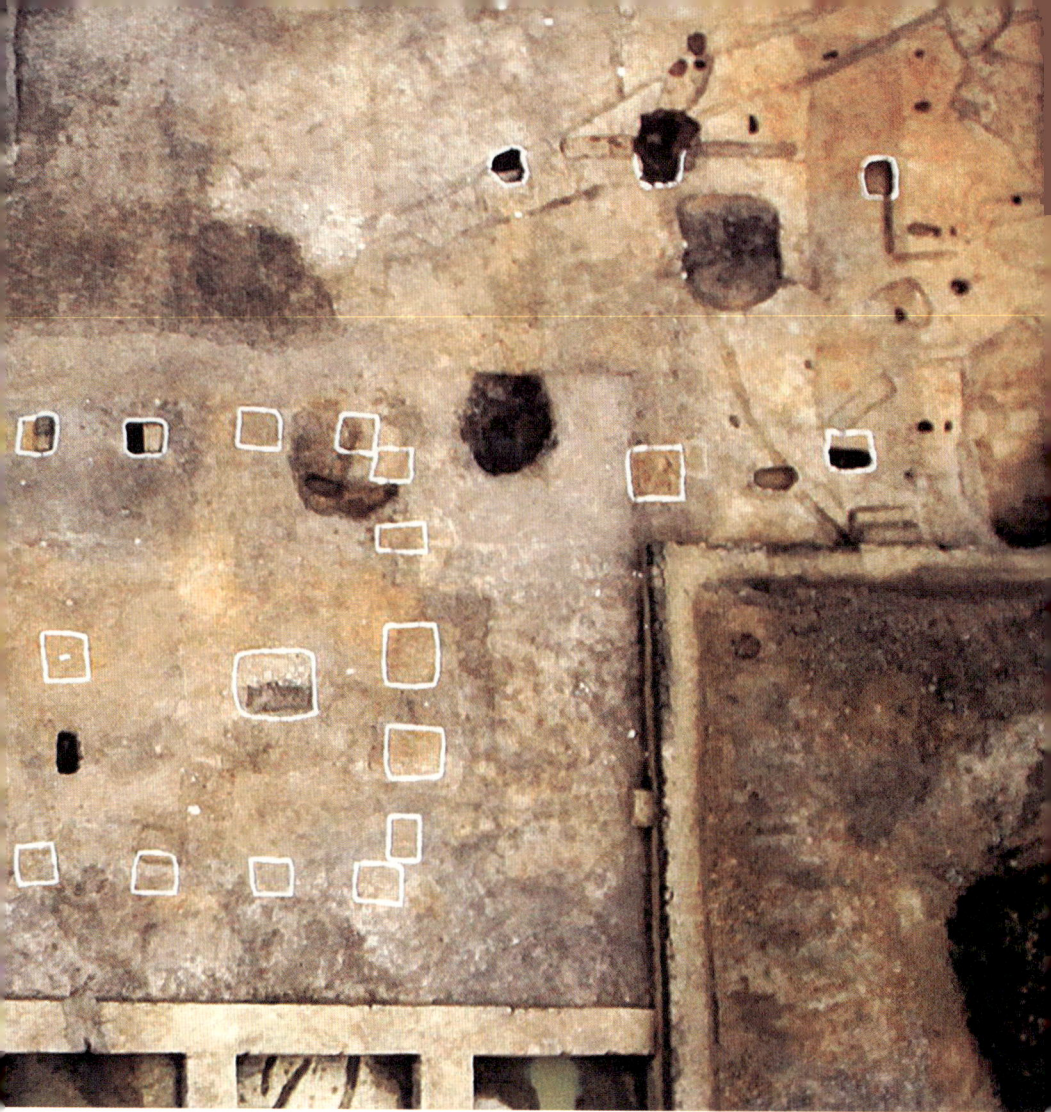

图1-5 郫县古城遗址，正中等距离分布着五个
竹编围成的鹅卵石台基，可能是古城的祭台

上游来到成都平原，成为最早的拓荒者。

　　成都市考古研究所江章华副所长认为，这支迁徙的队伍种植小米，最初活动在平原西北至西南靠近山地的边缘地带，这里地势相对较高，人口少，聚落也不大，比如 2009 年在什邡市发现的桂圆桥遗址，距今约 5000 年，与营盘山文化十分相近。大约 4500 年前后，长江中游的水稻种植技术传入成都平原，这时期的古人开始平整土地，修建灌溉设施，种植水稻，逐渐向平原腹地移动。水稻的种植提供了充足的食物，人口不断增长，聚落不断增多——习作方式的改变最终带来了文化面貌的变化。

　　江章华的推断是建立在诸多考古发掘基础上的，自 1996 年以来，几座新石器时代的古城陆续在成都平原被发现：郫县古城（图 1-5），都江堰芒城，温江鱼凫城，崇州紫竹古城、双河古城，2001 年与宝墩古城一起被国务院列为全国重点文物保护单位。此后，大邑盐店与高山两座古城又相继被发现。

几座古城中，郫县古城尤值得一提，古城长 620 米、宽 490 米，城墙最宽处尚有 40 米。在古城的中心地带，鹅卵石围成了一个长 51.5 米、进深 10.7 米的房屋基址，正中等距离分布着五个竹编围成的鹅卵石台基。这座约 550 平方米的奇特建筑被推测是郫县古城的宗庙，五个台基为五座祭台。祭台周围并未发现礼器，也许这座宗庙还略显简陋，不过这里吟唱的咒语与上演的仪式，却是成都平原上最古老的祭祀史诗。

八座古城出土陶器以绳纹花边口罐、敞口圈足罐、喇叭口高领罐、宽沿盘、浅盘豆为主，与龙山文化典型的陶鼎、陶鬲、陶甗、黑陶高脚杯风格迥异。（图 1-6~9）综合陶器、城墙，成都平原八座史前古城明显是独立的考古学文化，又以宝墩古城面积最大、最为典型，由此命名为"宝墩文化"，大约距今 4500—3700 年，相当于中原龙山文化时期。这也是继夏商时期的三星堆文化、商末周初的十二桥文化（以 2001 年发现的金沙遗址为代表）之后，成都平原发现的又一文化类型，也是成都平原最久远的文化章节。

恢宏的城垣与奢华的建筑，暗示着宝墩古城已是一座规模庞大的城市，中国学者也称为"都邑"。西方学者往往将青铜、城市、文字与祭祀体系视为文明的标志，由于古城尚未发现青铜、文字，宝墩文化似乎还未迈入文明的门槛，不过在我看来，它却如启明星一般，照亮了文明前夜的成都平原。

划破长空，证明长江流域文明多样性

宝墩文化的意义远远未竟于此，此前，许多游客在惊叹于三星堆无与伦比的青铜文明同时，时常追问："那些凸眼球、长耳朵的青铜人是否外星人的写照？""三星堆是外星人创造的文明吗？"他们的导游对这样的问题往往未置可否，一笑了之。的确，这曾是考古学家也无法解答的问题。

1-6

1-7

图1-6 敞口圈足罐

图1-7 宽沿平底尊

图1-8 喇叭口高领罐

图1-9 绳纹花边口罐

1-8

1-9

答案就隐藏在宝墩文化中。曾经令诸多学者困惑不已的三星堆一期文化，出土的宽沿平底尊、浅盘豆、敛口钵、敞口圈足罐，大多是宝墩文化典型陶器，三星堆一期文化与宝墩文化极为相似。如果将三星堆文明喻为一棵枝繁叶茂的大树，宝墩文化就是孕育它的土壤。

唐代诗人李白有感于古蜀历史的神秘，在《蜀道难》中发出了"蚕丛及鱼凫，开国何茫然"的感慨。三星堆遗址、金沙遗址的相继发现，揭开了商周时期成都平原的面纱，宝墩文化则将成都平原的历史追溯到遥远的新石器时代，并成功建立起宝墩文化—三星堆文化—十二桥文化（以金沙遗址为代表）连续的考古学序列。

宝墩文化同样改写了中华文明版图。关于中国文明的起源，过去受中原中心说的束缚，黄河流域一直被认为是文明起源的中心。近半个世纪以来，诸如河姆渡文化、良渚文化的发现，证明长江流域的文明高度与黄河流域相比有过之而无不及，越来越多的学者开始认同长江流域在中华文明起源过程中的独特地位。著名考古学家苏秉琦进而将中国古文化喻为"满天星斗"，文明起源又有了多元说，中原地区、山东地区、辽宁—内蒙古地区、长江中游两湖地区、江浙地区都曾被视为文明起源的"星斗"。

中国西南考古起步较晚，此前发现的新石器时代遗址少之又少，文明的火种一度"星光黯淡"。宝墩文化却如流星一般划破长空，证实了巴蜀地区也是中国文明起源的重要一元，与长江下游的良渚文化、中游的石家河文化交相辉映，进而说明长江流域文明起源的多样性。

2011年12月，鼓墩子附近又发现两座大房子基址，宝墩古城还在不断带给世人惊喜。但频频发现的城墙、大房子却掩饰不了宝墩古城少有精美文物出土的尴尬，同为史前古城，良渚古城以精美的玉璜、玉璧、玉琮、玉镯、玉牌、玉钺为代表，陶寺古城则发现了诸如特磬、龙盘、鼍鼓等高规格礼器，而宝墩仅有简单的陶器、石器出土。

根据陶寺、良渚的发掘经验，龙山时代高规格文物往往见于墓葬中，比如良渚反山、福泉山、瑶山、汇观山、寺墩的大墓，棺、椁中以玉琮、玉璧、玉钺随葬；陶寺古城则有整齐划一的墓葬区，面积超过30000平方米，小墓往往空无一物，大墓则葬有木棺，随葬品有一两百件之多。迄今为止，宝墩古城只发现了几座小墓，墓坑浅而窄，墓中空无一物，可能是下层百姓的墓葬。而巨大的城垣与奢华的大房子，暗示着在宝墩村的某个角落，一定藏着宝墩王者的长眠之所。

　　站在鼓墩子上，向东，向南，向西，向北，四野尽收眼底，一片片冬小麦铺满大地，中间点缀着稀稀落落的村舍。4500年前，不可一世的宝墩王者是否这样环顾他的国度，尔后选择自己的灵魂栖所？这块风水宝地究竟埋藏在何方？伴随王者长眠的又是什么？从1995年开始，我们走进了宝墩古人的城市以及他们的生活，却从未走进他们的内心。对宝墩文化的探索，或许才刚刚开始。

铜喇叭座顶尊跪坐人像

三星堆两个祭祀坑出土了众多精美的青铜器，纵目
大面具，眼睛呈圆柱状往前伸出；青铜大立人通高
260.8厘米，是世界同时期最大的青铜雕像……这
些自成体系的青铜器，被古蜀人用于祭祀，追忆和
崇拜历史上赫赫有名的祖先、无所不能的神灵，向
后人展示着他们天马行空的幻想、艺术乃至心灵。

纵目之神

三星堆的青铜时代

眼睛是古蜀人给人的印象

1986年夏天的一个黄昏，四川广汉鸭子河上的打鱼人早早吆喝鱼鹰进了船舱，河畔鳞次栉比的砖厂冒出一团团黑烟，飘荡在天空中，久久难以消散，挖土机的轰鸣声令这里的夏天显得燥热无比。多年后，这个燥热的夏天仍留在了许多人的记忆之中。就在这天，砖厂的挖掘机意外发现了惊人的宝藏。这是两个埋藏着大量珍贵文物的祭祀坑，坑中出土了青铜大立人、纵目面具、青铜人头像等大量珍贵文物。一个失落已久的古老王国通过这些精美绝伦的文物向后人讲述着它的族人、战争、艺术乃至灭亡的不幸。

纵目大面具，高65厘米，宽138厘米，出土时倒立在祭祀坑里的，远远看上去像把椅子，挖出来才发现原来是个巨型面具。它长刀眉，鹰钩鼻，扁平的嘴巴似乎带着盈盈笑意，最特别的是眼睛，呈圆柱状往前伸出，甚至连眼肌都附在眼球上拉了出来，似在奋力张开眼睛。古蜀国的工匠们，将人与兽巧妙地融合在一起，创造出这具既夸张又独具特色的作品。（图2-1、2）

　　中国古代有个成语，叫"蜀犬吠日"，说的是成都平原上的狗很少看见太阳，当太阳露出脸时，它们就感到奇怪，感到那是个怪物，要去叫，要去咬。成都平原自古多雾，天基本上是阴沉沉的，生活在这里的蜀人想要看清远一点的东西，很不容易。一种观点认为，纵目面具正是在这样的背景下制作出来的，面具的眼睛是柱形的，这无疑意味着它有超乎寻常的望远能力，可以看见很远的地方；两个尖尖的耳朵像鸟的两只翅膀一样，在古人眼中，天空中飞翔的鸟能够听到很远的声音，甚至是云霄之外神灵

图2-1　纵目大面具宽138厘米，两颊上下均有榫孔，推测是被高高供奉在宗庙中的，可能代表着三星堆人对眼睛的崇拜

图2-2　三星堆青铜纵目面具与青铜人头像

图2-3 甲骨文中关于"蜀"的记载

的指示。因此，纵目大面具又赢得了千里眼、顺风耳的称呼。

另一种观点认为，纵目大面具塑造的是蜀王蚕丛形象。《华阳国志》记载："有蜀侯蚕丛，其目纵，始称王，死做石棺石椁，国人从之，谓纵目人冢也。"所谓"纵目"，是否像神话中的二郎神一样，额头中间长出一只眼睛？祭祀坑发现后，学者们才恍然大悟，原来"纵目"可能正如这些面具一样，眼睛是向外突出的。也许有人要问，蜀王蚕丛怎么会长得如同怪兽一般？殊不知，纵目大面具是对蜀王蚕丛的追忆，这样的形象，显然经过了古蜀人天马行空的幻想与艺术加工。

除了纵目大面具，三星堆还出土了许多与眼睛有关的文物。"眼形器"有菱形、钝角三角形、直角三角形三种样式。菱形是完整的图案，钝角三角形器由两件上下拼合成菱形，直角三角形器则须由四件才能拼合成菱形。菱形的中间，恰好组成一个突出的圆，它们代表的是古蜀人"纵目"。

眼睛，是古蜀青铜器艺术表达的重要母题，有意思的是，甲骨文中的"蜀"字，写法虽有20多种，但每一种写法上面，都有一个大大的"目"字。（图2-3）历史上的古蜀人并未留下自己的文字，为什么商朝的甲骨文中会以眼睛来代表蜀人呢？从青铜器中的眼睛崇拜来看，当时的古蜀人创造出大量眼睛突出的形象，供奉于宗庙或神殿中。同时代的商朝人，可能看到或听说了这些神像，便用象形的方式将它记录下来，这或许就是甲骨文中"蜀"的由来。

祭祀坑之后最大的考古发现

纵目大面具，硕大的体积说明它不是戴在人脸上的，联想到它两颊上下均有榫孔，推测是组装在大型柱状建筑物上，被高高供奉起来；眼形器的四角均有小孔，表明过去是组装在某些建筑物上的。种种迹象表明，三星堆古城曾有一座庞大的宗庙，容纳古蜀国珍贵的青铜器、玉器，也是巫师举行重大祭祀仪式的场所。（图2-4）

图2-4 三星堆神庙复原图，两个祭祀坑中的出土文物，过去可能是在宗庙中的（金磊磊 / 绘）

图2-5 青关山遗址，可能是三星堆的宗庙，它也被誉为继三星堆两个祭祀坑之后最大的考古发现

　　这个推断在 2013 年得到证实，新发现的三星堆青关山遗址，向后人展示着古蜀国恢宏的建筑与隐秘的祭祀。（图 2-5）我来到青关山时，巨大的考古探方中，隐约可见一个长 55 米、宽 15 米的长方形建筑基址，根据残存的柱洞分析，这处建筑由 6—8 间房屋组成，沿中间廊道对称分布。墙基内外各有一排密集的土坑，总数近 200 个，可能是支撑屋面出檐的"檐柱"，底部由红烧土垒砌，夹杂大量卵石。

　　青关山北濒鸭子河，南临马牧河，是三星堆位置最高的风水宝地，站在这里，整个古城尽收眼底。考古勘探显示，青关山台地分布着大片红烧土与夯土，现存面积约 16000 平方米，年代被确定在商代，这也是中国继河南安阳洹北商城一号宫殿基址之后发现的第二大商代建筑基址。

图2-6 青关山F1北墙墙基掩埋的石璧

　　地处河南安阳市的洹北商城是商代中期都邑，位于南北中轴线上的一号宫殿基址，东西长 173 米，南北宽约 90 米，呈"回"字形结构，由主殿、耳庑、廪台、南庑等部分构成，这一发现将中国四合院的历史追溯到商代。已发掘的四个封闭式台阶上有保存完好的木质踏步，每个台阶正对正室，其中两个正室祭奠坑用猪、狗、羊做祭品。同样，青关山下方也埋藏着多处破碎的玉璧、石璧、象牙，可能是奠基时埋下的。（图 2-6）玉璧、象牙曾在祭祀坑中屡有发现，它们是古蜀国的祭祀重器，由此可以管窥青关山的尊贵地位。

　　由于发掘面积有限，青关山迄今只露出了冰山一角，从奠基使用的玉璧、象牙来看，青关山基址上曾有一座礼仪性建筑，可能是古蜀国的宗庙，它被誉为继两个祭祀坑之后最大的考古发现。

青铜人头像，他们是谁？

　　纵目的形象，成了三星堆青铜器的特征。青铜人头像也是纵目的，但与纵目大面具还是有很大区别——眼睛鼓出眼眶之外，中间有一道横向棱线，虽然神秘，却不像纵目面具那般夸张，可能代表酋长或祭司阶层。

　　青铜人头像戴着面具，作为古蜀国的头目，为了保持神秘，是不会轻易以真面目示人的，戴上面具，不但掩盖了自己的面容，也隔绝了与世俗的联系。我曾经在雅安芦山县看过当地的庆坛表演，这是芦山当地的古老傩戏，那些年过六七旬的坛师戴上面具的一刹那，身体似乎被注入了活力，顿时手舞足蹈起来。（图2-7、8）

　　学者们普遍认为，人头像过去是有身躯的，只不过青铜珍贵，它们的身躯以木头或者泥巴代替，并在埋入祭祀坑前被毁坏。在三星堆，能享受全铜铸造殊荣的，只有那尊通高260.8厘米的青铜大立人——出土时在祭祀坑中平躺着，身边环绕着纵目面具、人头像、玉器以及六七十根1米有余的象牙。

　　大立人的模样，与青铜人头像并无太大区别，粗眉、纵目、高鼻、阔口、大耳，只是他的身体也用青铜铸造而成，竭尽奢华之

图2-7、8 戴金面罩青铜人头像

图2-9 青铜大立人

能事：头戴双层高冠，身穿三层华衣，外衣装饰四条飞龙，很像后世帝王的龙袍，双手硕大，夸张地握在胸前，过去可能握着玉璋或象牙等礼器，似乎正醉心于一场盛大的祭祀仪式。大立人在所有人像中居于最崇高的地位，是古蜀国群巫之长。（图2-9）

有意思的是，在可以辨认的64件青铜人像中，发型只有两种：一种长长的辫子拖在脑门后面，称为"辫发"（图2-12）；另一种头发卷起来用笄（古时的发簪）系在脑后，叫作"笄发"（图2-13）。在古代，不同部族的发型一般是不同的——也就是说，出现在三星堆祭祀坑中的"辫发"和"笄发"是两个风俗装扮差异很大的部族。

梳着"笄发"的青铜人像常故作神秘之态，他们的工作几乎全部跟宗教有关。身着华丽服饰、高高站立在祭祀台之上的青铜大立人，双手无限夸大举在胸前，正陶醉于恢宏的仪式之中；头戴鸟头冠、下穿鸟足裤的青铜立人，似乎正在云蒸霞蔚中飞翔……无一例外，他们都是"笄发"。

那些梳着"辫发"的青铜人像则似乎终日无所事事，若干年前的一场变故毁坏了他们脆弱的木制、土制身躯，面对着孤零零的人头，我们很难复原出他们那个时代的生活。跟那些醉心祭祀的"笄发"们不同，"辫发"们可能是世俗的权力集团，也就是通常说的王权。

在古代，国家权力往往分为宗教与王权两个部分。青铜人像的两种发型透露出古蜀国内部的政权模式："笄发"们代表的是神权阶层，控制着三星堆人的精神，充当着三星堆人与神灵之间沟通的媒介；"辫发"们则奴役着三星堆人的身体，把王权牢牢抓在自己手中。如此说来，三星堆古国的政权一分为二，一族占有神权，另一族则把王权收入囊中。

两个部族的真正身份，引起了学者的浓厚兴趣。北京大学考古文博学院院长孙华认为，他们一支是成都平原上的土著部落，另一支则可能是来自二里头的夏代王族。我们甚至可以大胆想象远古的一幕变迁：3000 多年前或更早，一支来自二里头的夏朝王族来到成都平原，当地土著部落对他们礼遇有加。王族神秘、虔诚的祭祀仪式引得土著心驰神往，他们留下来担当古蜀国的巫师。王族最终取代土著巫师，并进一步攫取了三星堆的神权。成都平原上出现了神权与王权并驾齐驱的情况。

祭祀坑中，"辫发"的数量远远超过了"笄发"。不过，数量跟分享权力可能没有太大联系。青铜人像中有四个戴着黄金面罩，黄金暴露了两个部族之间的秘密协议。在古代，青铜珍贵，黄金更为稀有。四个青铜人像应该代表了古蜀国的最高权力。他们两个"辫发"，两个"笄发"，数量恰好相等，似乎刻意维持某种平衡。

口说无凭，他们似乎还签下了协议。在一件金杖上，刻有这样一幅图画：四根羽箭平行射入两个人头之中，箭头分别穿入两条鱼的头部，箭尾则是两只展翅的飞鸟。一个最新的说法是，两个人头代表着"笄发"和"辫发"两个部族，鱼和鸟是它们的图腾，羽箭则相当于誓言。这是"笄发"和"辫发"们刻下的契约，写下的是庄严和肃穆。

图2-10 铜人头像

图2-11 铜人头像

图2-12 辫发铜人头像

图2-13 笄发铜人头像

特立独行的青铜时代

除了青铜雕像，三星堆人还用青铜铸造了一个栩栩如生的动物世界。鸟形器是最常见的，青铜神树枝头上有鸟，青铜尊上有鸟，许多鸟出土时便是形单影只的，谁也不知道它们原先栖息在哪里。最具震撼力的是青铜大鸟头，通高 40.3 厘米，大大的眼睛，长长的勾喙，可能寓意着继蚕丛之后的蜀王鱼凫，鱼凫的"凫"字，指的就是捕鱼的水鸟。（图 2-14~16）

在三星堆遗址，龙也时有出现。在数千年的历史中，龙一直备受中国人信仰，有着不同图腾崇拜的古人，纷纷将自己部落的图腾嫁接到龙身上。崇拜猪的部落，说龙很粗壮；崇拜蛇的部落，说龙头上没有角；崇拜羊的部落，说龙是有胡子的。我们今天见到的龙，是秦始皇统一全国后才最后定型的。三星堆青铜龙柱形器，一条小龙趴在青铜器上，瞪着眼睛，张开嘴巴，露出锋利的牙齿，正伸着脑袋四处张望，后爪紧紧抱着青铜柱。它有一对大耳朵，耳内侧长着一对犄角，却留着山羊胡子。

青铜蛇多呈 S 形，仿佛正在游弋或昂首攻击，眼球呈圆形凸出来，腹部有一排鳞甲，头部和背上长有翅膀。《山海经》记载，鲜山有鸣蛇，样子长得像蛇，却有四只翅膀，声音像磬石。据说鸣蛇是不祥之物，见了就要大旱。三星堆人还用青铜铸造出虎、雄鸡、鹤等动物的造型，它们和三星堆人一起，奏响了生命的欢歌。

商朝精湛的青铜铸造技术，也影响着古蜀人。三星堆出土文物虽然颇为神秘，不少文物却能看到商人的背影，诸如青铜尊、罍等，应该是蜀地工匠模仿中原青铜器制作的。早在 3000 多年前，极富探索意识的古蜀人已经走出成都平原，积极与外界交流，从浩瀚的商文明中吸取了诸多精华，却又自成一体。这就使得三星堆在保留了它天马行空幻想的同时，又加入了殷商文明的大气与磅礴。

图2-14 铜鸟　　　　　　　　图2-15 铜鸟形饰

图2-16 铜人首鸟身像

自大禹铸九鼎以来，鼎、尊、罍、彝、盘、豆、簋等青铜容器便成为中国青铜文明的主流，三星堆却自成体系，这些青铜器被他们用于祭祀，追忆他们历史上赫赫有名的祖先、无所不能的神灵和死去的亲人。

一棵棵神树，一个个铜人，一只只飞翔的鸟儿，一双双神秘莫测的眼睛。三星堆900余件青铜器成功地搭建起了古蜀青铜文明的高度，绘声绘色地把一个失落已久的古老帝国重新拉到我们身边。也许，当风拂过古国的时候，整个王国的人们都可以聆听到那些由金属的摇曳和碰撞演奏出的音乐，那一声声清脆的声响证明了一个伟大的青铜时代在成都平原达到顶峰，它自成体系的题材，吟唱着古老却特立独行的史诗。

图2-17 铜牌饰的发现，使得三星堆与遥远的二里头文化联系起来

图2-18 陶盉

先秦

03

金沙遗址出土金面具

诡谲莫名的青铜器，奏响了中国青铜文明的神曲；
贵重的黄金被捶打成器，镌刻下古蜀人的自然观与
宇宙观；多达千根象牙的发现，在世界范围内的古
遗址也绝无仅有；跪立石像赤身裸体，双手被绳索
绑在身后，有的诚惶诚恐，有的闷闷不乐，它们是谁？
重见天日的遗址，精美绝伦的文物，金沙古人用青铜、
美玉与黄金写下了古蜀历史的漫漫长卷。

金沙遗址

沉睡千年的古蜀王都

2001 年 2 月初，一家房地产公司在成都摸底河南岸开挖下水管道，挖掘机驶过，泥土中出现了大量破碎的象牙、玉器，著名的太阳神鸟就隐藏在一团泥土中。一个古老王国的大门缓缓开启，这便是金沙，继三星堆之后，成都平原又一古蜀王都。

金沙遗址博物馆陈列的金面具、太阳神鸟、蛙形金箔、金冠带、玉琮、玉钺、玉贝、玉人头像、石跪立人像、石虎、青铜小立人、青铜牛头等，都是这次抢救发掘中出土的。（图 3-1~6）金器璀璨生辉，玉器温润光滑，石器栩栩如生，象牙数以千计。金沙遗址，也当之无愧地与浙江萧山跨湖桥新石器时代遗址、青海民和喇家齐家文化遗址等一同入选"2001 年全国十大考古新发现"。

图3-1 金面具，有学者认为可能代表蜀王杜
宇的形象

图3-2 2007年，金沙遗址出土了一件金
面具，这件面具过去也是戴在青铜人头
像上的，但与之配套的人头像却未发现

图3-3 金冠带上，一条鱼被一支箭穿过，这
个图案可能寓意着部族的祭祀、战争等大事

图3-4 蛙形金箔饰

图3-5 青铜小铜立人，手势与三星堆青铜大
立人颇为相似

图3-6 铜三鸟纹有领璧形器

以金为尊，独一无二的黄色王国

在中国许多城市，我们都能看到太阳神鸟的影子，它当选为"中国文化遗产标志"以来，就成了文化遗产的象征。太阳神鸟金箔内层有个旋转的火球，外层等距离分布四只飞鸟，向同一方向展翅高飞，线条流畅，极富韵律，是古蜀先民"天人合一"的思想、精湛的工艺与天马行空幻想的完美结合。（图3-7）

太阳神鸟又称"四鸟绕日"，被考古界认为寄托了古蜀人对太阳的理解与诠释。中间旋转的火球代表太阳，四只鸟代表四季，十二道光环代表十二个月或者一天之中的十二个时辰。在古蜀先民看来，太阳具有使万物复苏的超自然力量，他们崇拜太阳，认为太阳的运动靠鸟的飞行完成，因此将鸟和太阳联系在一起。不只是金沙，整个古蜀都狂热地崇拜太阳，三星堆祭祀坑出土了青铜神树，古蜀国最后一个王朝国号开明，"开明"二字，意为"推开窗户见太阳"，本身就是与太阳密切相关的词语。

数字"十二"和"四"在古人眼中有着独特寓意，一年分"四季"，地有"四方"；一年有"十二个月"，动物有"十二生肖"。金沙古人把太阳神鸟与时间、自然规律联系起来。

与太阳神鸟一起出土的，还有几个动物形金箔，尖尖的嘴巴，背上有乳丁纹，模样看起来像蟾蜍。（图3-4）在中国，太阳被认为是阳性，月亮则代表阴性，《淮南子》说"月中有蟾蜍"，又说嫦娥"托身于月，是为蟾蜍，而为月精"。联想到蛙形金箔，似乎可以说明，中原地区的月亮传说流传到了古蜀，蟾蜍象征着金沙人对月亮的崇拜。

广西出土的一件十二芒冷水冲型铜鼓上，鼓面中心是十二芒的太阳纹，外圈是一圈美丽的翔鹭纹，最外围是四只立体的蟾蜍和两个骑士。这也揭开了以太阳神鸟为中心的金沙遗址神秘拼图的谜底——太阳神鸟金箔位于

图3-7 太阳神鸟金箔，内层有旋转的火球，外层等距离分布四只飞鸟

中央，周围等距排列四只或更多蛙形金箔。它们镶嵌在某个器物上，更为重要的是，组成了金沙人心目中宇宙与自然的空间。

迄今为止，金沙共出土金器200余件，包括金面具、金冠带、太阳神鸟、蛙形器、鱼形器、喇叭形器以及大量散落的金片。在此之前，中国商周时期的古遗址从未出土过这么多金器，金沙便是当之无愧的"黄色王国"。

金面具高3.74厘米，宽4.92厘米，眉毛成弧形，耳朵外展，鼻梁直挺，嘴角挂着盈盈笑意。（图3-1）金沙人用黄金铸造这样一个笑脸，说明此人地位非常尊贵，或许只有古蜀王才能享此殊荣。当时统治金沙的，被推测为蜀王杜宇，《华阳国志》记载，杜宇东征西战，开辟了疆域空前的古蜀国。

如果你参观过殷墟博物馆，难免会有这样的困惑：为何中原王朝青铜器如此流行，却少见黄金制品？安阳殷墟是商朝国都，自1928年始，商王武丁之妻妇好与其他高级贵族的墓葬相继被发掘，殷墟出土了大量青铜器，其中就包括著名的"后母戊"大方鼎，单妇好墓中的青铜器就有1925千克。但是，在殷墟这样一个大型王都，却极少有金器出土，与金沙古国形成强烈对比。

1986年夏天，三星堆两个祭祀坑出土了诸多金器，包括金杖、金面具等精品，这个传统最终为金沙人继承下来。更为特别的是，在金沙，黄金并非普通的饰品，而是作为权力的象征，镌刻下部落的图腾。古蜀人创造了辉煌的青铜文明，他们在金器上的成就也令同时期的古人难以望其项背，令世人领略到了黄金的独特魅力。灿烂的黄金成为金沙古国的国家颜色，也在中国文明史上留下了独一无二的黄色王国。

金沙象牙从何处来？

金沙带给世人的惊喜远远未竟于此，一个象牙堆积坑也暴露出来，坑内层层叠放八层象牙，最长的一根185厘米，总数1000余根，在中国乃至世界考古史上，都未曾有过如此惊人的发现。这也让许多人疑惑不解：为何在不产象的成都平原，出土象牙反而是最多的？

金沙象牙经鉴定为亚洲象的象牙，亚洲象仅雄象产牙，每头雄象两根，如此说来，金沙1000余根象牙至少取自500多头雄象。今天的亚洲象分布在东南亚、南亚地区，四川盆地并不产象，"蜀道之难，难于上青天"，如果说数以吨计的象牙经由蜀道从域外运来，就当时的交通状况而言，可能极为困难。那么，这些象牙有没有可能产自四川盆地呢？

史料提供了一些线索。《吕氏春秋》说，"商人服象，为虐于东夷"，意思是商朝人曾驾驭大象与东夷部落作战。殷商时期河南一带气候温暖，适合象群生存。远古时期的象群可能分布极为广泛，北到黄河流域，西到

图3-8 金沙遗址（梅苑）中心发掘区出土了千余根象牙

成都平原，都有象群的足迹。古人由于象群离去，产生想念，这才有了"想象"这个词，文字学上，想象的本意就是对象的想念。

三星堆一号祭祀坑中残留大量烧骨渣，经鉴定为象的门齿与臼齿；彭县竹瓦街曾发现一批商周青铜器窖藏，铜罍上的大象栩栩如生，由此推测蜀人是见过象的，这才根据象的模样创造了这件艺术品。比起黄河流域，四川盆地气候更为湿润，林木茂盛，是百兽飞禽栖息的乐园。在金沙象牙坑北部，还分布着近500平方米的野猪獠牙、鹿角，以及犀牛、黑熊、猪獾、牛、马的牙齿，这些獠牙与鹿角至少来自1500头野猪与1000头鹿——金沙人真是高超的猎手。

金沙人贮藏如此多的象牙，到底有什么目的？三星堆的象牙被雕刻成圆珠，金沙人则把象牙切成了一块一块的薄片，并没有进行再加工，也许他们认为，这些充满光泽、完美无瑕的象牙本身便是艺术品。

除了雕刻，完整的象牙也被古人视为神物，用于祭祀、祈祷、消除灾难等神圣的场合。三星堆出土过一件带纹饰的玉璋，上面雕刻两幅对称的图案：三个排成一排的古蜀人，戴着椭圆形帽饰，他们的脚下，是两座虚无缥缈的山峰，山的旁边还有一个粗大的弯尖状物。戴帽子的很可能是古蜀国的巫师，弯尖状物正是象牙。在金沙遗址出土的玉璋上，也隐约可以看到一个侧跪的人，正吃力地扛着弯曲的象牙，这是个高冠直鼻、方耳方颐的古蜀人，或许也是金沙古国的巫师，而象牙依旧是祭祀仪式中不可或缺的神物。

金沙石像，为何赤身裸体？

金沙遗址共出土了12件跪立石像，也是我国发现时代较早、制作精良的一批立体圆雕石刻艺术作品，人像虽有大小区别，基本形态却相差无几：全身赤裸，脸型方正瘦削，颧骨高凸，瞳孔巧妙地利用了石质本身的纹理及色差来表现特征，并绘有朱砂；嘴巴扁平，亦绘朱砂；双手被反缚在身后，手腕用绳索捆绑，双腿并拢，双膝跪地，臀部坐在脚跟之上。（图3-10）

此前，国内曾发现过4件类似的石跪人像，其中美国芝加哥艺术学院收藏1件，成都方池街四川省总工会商周遗址工地发现1件，三星堆遗址

图3-9 金沙遗址（梅苑）中心发掘区
出土的石跪立人像、石虎、玉璧

图3-10 石跪立人像，赤裸的身体，
反缚的双手，它们究竟是谁

出土2件。学者巫鸿认为这4件跪立人像与三星堆文化有关，时间在晚商
到西周前期。

　　跪立石像的裸体造型，是最神秘的谜团，在古代，人们什么时候可能
会一丝不挂？在流传至今的神话或传说中有详细记载，就是在人与神交流
的时候。金沙博物馆研究员王方认为，这种现象非但不低俗，恰恰是献祭
者为了表达对崇高的受祭对象——日月、天地、山川、佛祖等的虔诚、敬畏，
在他们看来，尽可能以脱俗的身子献祭，才是最神圣的，比如中国国家博
物馆藏战国螭虎噬人纹玉珮、安徽阜南商代虎食人青铜尊等器物上，那些

正在升天、成仙抑或献祭的人样，几乎都是赤裸的，而红山文化、山西晋侯墓等出土的与天地沟通的玉雕巫师形象，也多是露脐或显乳的。

一种观点是，石像是奉献给神灵的。这些古蜀人，很可能是当时古蜀国地位低下的阶层。裸体男性石像出土时，瞳孔、耳朵、嘴唇却像古代女性一样描上了鲜艳的朱砂，尤其是嘴唇，如同涂了口红。数千年前，他们可能是浓妆艳抹的——奉献给神，描上朱砂更显得虚幻和神秘。

跪立石像除了裸体外，另一些特征也颇值得关注。首先是他们被反缚的双手，双手交叉背于身后，腕部被绳索绑缚，重重叠叠缠了很多道，似乎是为了防止逃跑。更让人不解的是手指：一件石像手上有四根粗大的手指，却不见大拇指；另一件石像两只手总共才七根手指；最少的让人吃惊，两只手总共只有五根手指。

从这些石像的发型看，似乎与文献中"椎髻"的古蜀人有较大的区别。他们头上像顶着一片特别的瓦，中间低凹，两边翘起的形状如同一本打开了的书。后面是长长的辫子，双股并列下垂，拖在脑门上，跟"麻花辫"很是相似，不同的是，辫子是在脑门上并列下垂的。在此之前，古蜀人从来没有梳过这种发型，三星堆与金沙的青铜人头像也没有类似发现。

另一种说法认为，金沙石像被反缚的双手、奇异的发型说明他们不是古蜀人，自己人当然没有捆绑的必要，他们是战争中俘获的战俘，所以才被捆绑起来，扒光衣服。这些石像的脸上，可以清晰地看到痛苦的表情，有的诚惶诚恐，有的闷闷不乐，有的胆战心惊，总之，没有一个是快乐的。他们或许觉得，自己将有性命之虞。

商王朝的甲骨文卜辞中，诸如"征蜀""克蜀"的记载屡见不鲜，古蜀国与商王朝之间的战争不断，商人经常在甲骨文中诅咒远在西南边陲的古蜀国。既然商人与蜀人之间的战争不断，一些商朝士兵可能在战争中被俘，成为蜀人的阶下囚。也有学者提出，当时成都平原部族众多，秦将司马错就说"夫蜀西僻之国，而戎狄之长"，这些戎狄时而归顺，时而反叛。商朝士兵也好，"戎狄"也罢，跪立人像可能正是以它们为原型雕刻的，自然也不需要精雕细琢了。

十节玉琮，来自良渚文化的神物

金沙人还是一个与玉有着密切联系的古族，象征着天圆地方宇宙观的玉琮、雕刻着金沙人祭祀仪式的玉璋、代表军权的玉钺、举世无双的玉剑鞘——金沙人的祭祀、战争无不与玉器有关。

金沙遗址共出土了26件玉琮，大多是单节素面的，只有一件多达十节，故得名"玉琮之王"。十节玉琮通高22.26厘米，外方内圆，上大下小，四面从中间开出竖槽，将玉琮每面分成左右两部分，又刻出九条横槽，分为十节，这样一来，玉琮器身被分解成80个凸面，而如果以四个角为中轴线，每两个凸面又神奇地形成一个简化的神面纹：大圆圈与两侧的三角形代表眼圈，圆圈中的小圆点表示眼珠，眼睛下方雕琢相互交错的直线与弧线表示嘴巴。方寸之间，工匠用细微的几何图案，勾勒出他们心中的神灵。（图3-11）

这些繁复的人面，是良渚文化晚期典型的神面纹。良渚文化发源于浙江余杭，这个充满朝气的遗址，一直被考古界认为代表着中华文明的黎明时代，它的影响，曾经不止一次地跨越时间和距离。大约距今4800年，良渚文明以余杭为统治中心，极力向外发展。玉器是良渚文明的精髓，其数量之众多、雕琢之精湛，在同时期的中国乃至世界独占鳌头，玉琮便是良渚文化的典型玉器。

十节玉琮器身泛青色，质地温润，器身制作规整，这些特征都与江苏武进寺墩、吴县草鞋山、上海青浦福泉山等良渚文化遗址出土的玉琮相似，应该是典型的良渚玉琮，辗转流传到了成都平原。

在古代，玉琮是国家重器，良渚人必不肯轻易以此宝物与人，这件玉琮如何跨越了一千多年的历史长河来到古蜀金沙？史前的历史令人如坐云端。可以肯定的是，玉琮辗转来到成都平原，金沙人引为国宝，用于重大的祭祀场合，玉琮上的线条已模糊不清，似曾几经易手。

在古人眼中，玉琮被认为是沟通天与地、人和神的神物，《周礼》记载，"以苍璧礼天，以黄琮礼地"，玉琮中间上下相通的圆孔有"贯通天地"的含义，在原始宗教活动中被用为法器。玉琮外方内圆，代表着天圆地方的宇宙观，古人相信，天和地都是有尽头的，地是方的，天是圆的，笼罩大地。学者张光直曾说过："玉琮，是显示一种独特的宇宙观的一个非常有特色的仪式用具。"

千年之前，以玉琮为代表的良渚人对金沙人的祭祀礼仪产生了深远影响，玉琮上的神徽折射出的天神、地祇、祖先三位一体，"天人合一"的信仰被金沙人引进祭祀。这似乎可以构成一个假设：金沙人与良渚文明有某种渊源。考古资料显示，古蜀文化与良渚文化其实已有频繁的交流，三星堆仁胜村墓地就出土过良渚文化典型的玉锥形器。

奇怪的是，在玉琮的一面，却刻着一个人，这个戴着长长冠饰、神情庄严、双手平举、长袖飘逸、双脚岔开的人似乎正在虔诚祭拜，传神地重现了当时的祭祀场面。也许，玉琮从遥远的江浙地区来到成都，可能到了某代蜀王手中，他觉得应该加上点古蜀特色的东西，所以才加上了这个祭祀的人。

金沙玉器约占出土文物的40%，有玉琮、玉璋、玉戈、玉璧、玉环、玉斧、玉刀、玉剑、玉牌、玉贝等诸多类别。玉钺有梯形、风形（类似汉字"风"字）、环形之分，透着肃穆之气。在宽不到10厘米的兽面纹玉钺上，古蜀国的工匠耐心地雕刻出层层精细的兽面纹：一张若隐若现的脸，一双纵目的眼睛，耳朵外卷，下颌张开，露出三组对称的牙齿。兽面纹一般出现在商周青铜

图3-11 十节玉琮可能是来自良渚文明的神
物，说明金沙人与外界曾有频繁的交流

图3-12 玉琮

图3-13 玉兽面纹斧形器

图3-14 玉贝形器

图3-15 铜虎张口露齿，昂首怒目，双耳竖立，长尾上翘，正欲扑食猎物

图3-16 玉面人像

图3-17 石卧虎

图3-18 木雕上能看到人脸，大眼睛和浓眉毛栩栩如生，凹凸有致，充满立体感

器上，金沙古国与中原文明似乎有过频繁的交流。

　　长约 3 厘米的玉贝，玉质白中泛青，温润细腻，中间如同海贝，雕有对称排列的 14 道凹槽（图 3-14）；玉面人像通体绿色，正反两面对称，人面雕刻长方形的眉毛、圆瞪的眼睛、尖尖的耳朵，头上还戴着头冠，口中隐约能看到三颗牙齿（图 3-16）。

　　三星堆人的国家重器埋藏在两个祭祀坑中，金沙人的宝物则散落在河滩上，在 500 余年的时间里，这里一直是古蜀国的祭祀中心，每次祭祀都会用掉数量不等的金器、石器、玉器、象牙，尔后进行埋藏，日复一日，年复一年，最终形成了厚达 3 米的堆积。这里后来成为金沙博物馆遗迹区，每每走过此地，历史仿佛被定格在一些片段：2000 多年前，金沙人祭祀山川、歌颂日月、追忆祖先，古国的财富一次次洒落在这片圣土之上，含混不清的咒语，犹在耳边经久不衰地回荡着。

● 金沙遗址发掘现场

金沙遗址（黄忠小区）
发掘现场

金沙遗址（兰苑）发掘
现场

金沙遗址（梅苑）发掘现
场，大量珍贵象牙、玉
器、金器即在此处出土

先秦

04

商业街船棺遗址出土漆器

战国年间,一种叫船棺的葬俗在四川盆地很是流行,
所谓船棺,是将死者置于船形棺木中,希冀他们的
灵魂能随着河流到达彼岸。2016 年 9 月,一处规模
庞大的船棺遗址在成都市蒲江县被发现。谁是它们
的主人?这些载着魂灵的船儿又将驶向何方?

载魂之舟

追寻开明王朝的背影

一叶扁舟，抵达灵魂的彼岸

在蒲江人看来，盐井沟是个神奇的地方，几十年来，这里发掘过无数古墓，也留下了许多神秘的传说。2016 年 9 月，一处由 60 座船棺组成的墓葬群又在盐井沟被发现。盐井沟源头位于蒲江城南长秋山一条山沟中，溪水弯弯曲曲流进蒲江县城，后来溪水干涸了，老百姓仍把溪水曾经流淌的地方称为盐井沟。

我来到盐井沟时，一块足球场大小的场地已被揭开，地上排列着 20 余座古墓，大多呈东北—西南走向，不远处划出一个个狭长的长方形，那是尚未发掘的区域。墓地中部，成都市文物考古研究所与蒲江县文管所正对 M16 号墓进行清理，工人在棺盖绑上麻绳，六个汉子一起用力，才将重逾半吨、长约 7 米的棺盖抬出墓穴。棺盖之下，厚厚的淤泥中，一把柳叶剑

图4-1、2 盐井沟有60座船棺，是少见的大型船棺群，墓葬呈横向密集排列，大多为战国晚期

露出了半截，棺身中部一大把箭镞，依旧闪着寒光，仿佛刚从器械库拿出来一般。这座古墓还出土了弩机、铜钺、铜矛等兵器，如同一座史前兵器库，墓主的尸骨早已荡然无存，看得出来，他曾经是位剽悍的武士。

邻近的M28号墓就没有那么剑拔弩张了。棺室中，一件V形铜璜半掩在淤泥中，表面的斜线纹隐约可见，璜是商周时期王公贵族的配饰，铜璜则是西南少数部族模仿玉璜制成的（图4-4）；另一件圆形铜铃中塞满了

图4-3 一块船棺盖重逾半吨，需要几个壮劳力才能抬动

泥土，四川战国时代的铜铃常用作杖首，下接木杖，可能是巫师或者部落首领的权杖（图 4-5）。木棺角落散落着七八个圜底陶罐，棺盖早年坍塌，陶罐已四分五裂，淤泥填塞其中，使得陶罐看起来尚保持了昔日的形态。

更多墓葬已经完成了清理，一具具庞大的木棺暴露在长方形墓坑中，由于在地下埋藏了千年之久，早就碳化为珍贵的乌木。木棺无一例外，均由整根楠木雕凿而成，其做法是将楠木截头去尾，只留取中间一截。将木

图4-4 船棺底部，一件铜璜暴露出来，铜璜是西南少数部族模仿玉璜制成的

图4-5 船棺底部的铜铃，四川战国时期的铜铃大多用作杖首

料去掉三分之一，刮掉树皮后用作棺盖，再将剩余部分中间挖空，形如船舱，最后将一头凿出弧度，有如船头。这样的墓葬，考古学上形象地称为"船棺"。

俗话说"北人骑马，南人乘船"。北方平原纵横，适合马匹奔驰；南方河道密布，有利舟楫航行。以船棺下葬，自然是南方滨水而居的部族的习俗，他们生前在水边生活，死后也希望以一叶扁舟抵达灵魂的彼岸。中国船棺分布于福建、江西、四川，而在世界范围内，船棺在东南亚的越南、马来西亚、印度尼西亚，欧洲斯堪的纳维亚半岛，大洋洲东部的波利尼西亚太平洋群岛，美属萨摩亚群岛都有发现。在萨摩亚群岛，部落酋长死后被放入特制的船棺中，尔后推入海中任其漂流。

中国古代船棺可分为岩葬与土葬两种类型，岩葬流行于福建、江西山间，福建武夷山九曲溪沿溪岩洞中分布着几十具船棺，可能是古越人的葬俗。土葬船棺目前仅见于四川，说是土葬，其实往往也在河边下葬。墓地北部条形地带呈灰白色，与周围泥土颜色迥异，这是古河道的痕迹，船棺过去是葬在水边的。一场汹涌的洪水使得古河流改道，淹没河岸，船棺也就永远被封存在地下。

盐井沟一件青铜矛上，有线刻的"成都"二字，这也是首次在成都战国遗址中发现"成都"字样。（图4-6）这件珍贵的成都矛，似乎也验证了《华阳国志》

图4-6 盐井沟一件青铜矛上，有线刻的"成都"二字，这也是首次在成都战国遗址中发现"成都"字样

图4-7 蒲江盐井沟出土铜矛场景，令人惊奇的是，长达1.8米的矛杆尚保存完好

的记载，开明九世（一说开明五世）梦见城郭在移动，遂把都城迁到成都，把宗庙也迁了过来，并仿照周人迁都"一年成聚，二年成邑，三年成都"的说法，取名成都。从那以后，这个名字就深深烙在了这片土地上，直到今天依旧没有更改过。

全国之最，第十次在蒲江发现船棺

自 1954 年 6 月在广元市昭化县宝轮镇发现船棺以来，船棺就跟四川结下了不解之缘，先后在成都市区、荥经县、大邑县、绵竹市、什邡市有所发现。有意思的是，船棺在其他地区只是零星出土，在蒲江县却如家常便饭，算上这次，已经是第十次了，这也使得蒲江成为四川乃至中国船棺最为集中的地方。

船棺第一次在蒲江出现要追溯到 1975 年，鹤山镇飞龙村 10 组有农民种地时挖出船棺残片，并发现一把柳叶剑。1982 年 8 月，同样在飞龙村，村民又发现 2 具船棺，其中 2 号墓为合葬墓。一具长 7.06 米，另一具长 7.18 米，墓中出土了铜钺、铜凿、巴蜀印章等青铜器。

2006 年 12 月，距离本次发掘直线距离不到 500 米的工地上，工人施工时又发现 3 具船棺，出土了铜壶、铜敦、铜鍪、铜矛、铜刀、铜削、铜戈、铜盆、铜胄、铜铃、铜璜等数十件青铜器，以及木笾、木梳、木案、木柄、竹编筐、竹编笆、圆漆盒等生活用具，还有块谷纹玉璧，带有楚国玉器特点。墓中还随葬一支木桨，长 2.8 米，通体髹黑漆，以红漆彩绘卷云纹，也许在墓主看来，带有漆桨的船棺更能驶向灵魂的彼岸。

就在 2016 年 8 月，鹤山镇蒲砚村又发现 5 具船棺，船棺已破损不堪，但仍出土了铜钺、铜斤以及蜻蜓眼、琉璃装饰品。大约公元前 10 世纪，蜻蜓眼出现在地中海沿岸，这种工艺品在琉璃上镶同心圆，如同蜻蜓的复眼，

图4-8 木梳

图4-9 铜鍪与甑配套，用来烹饭，常常与兵器一起出土，在巴蜀船棺中极为常见

因而得名。春秋战国时期，蜻蜓眼由商贾带入中国，深受王公贵族喜爱。曾侯乙就是蜻蜓眼的狂热爱好者，他死后带入 173 只蜻蜓眼随葬，这些蜻蜓眼被认为是古埃及或地中海地区的舶来品。

不过，此前船棺在蒲江都是零星被发现，最多也不过 5 座，而此次船棺群的数目与规模都堪称蒲江之最。盐井沟船棺的年代，被定为战国晚期，随着考古发掘的进行，墓主的族属与命运亦渐渐水落石出。

来自荆楚，逃亡部落的宫廷政变

船棺底部与棺盖涂抹了一层厚厚的白膏泥。白膏泥是古时的黏土，由于黏性大、密封性好，有很强的防腐作用，常常被长江流域的楚人用来保护墓葬。考古学上，白膏泥的发现通常被认为与楚文化有关。

这并非偶然，楚文化的痕迹在四川历次船棺发掘中屡有发现，以 1980 年发掘的新都马家大墓最为典型。大墓为木椁墓，椁室之中有具船棺，椁室由 34 根长楠木与 12 根短楠木叠砌而成，这是楚墓的常见做法。墓中的铜敦是典型楚国青铜器，一件铜鼎器盖上刻有"邵之食鼎"四字铭文，邵（同昭）与景、屈同为楚国大姓。

频频出现的楚文化痕迹，令人想起史书中关于蜀王鳖灵的记载。《蜀王本纪》记载，古蜀历史上有蚕丛、柏灌、鱼凫、杜宇、鳖灵五位先王，鳖灵本是荆楚之人，举族迁徙入蜀，称丛帝，创立开明王朝：

> 荆有一人，名鳖灵，其尸亡去，荆人求之不得。鳖灵尸随江水上至郫，遂活，与望帝相见。望帝以鳖灵为相。时玉山出水，若尧之洪水。望帝不能治，使鳖灵决玉山，民得安处。鳖灵治水去后，望帝与其妻通。惭愧，自以德薄不如鳖灵，乃委国授之而去，如尧之禅舜。鳖灵即位，

号曰开明帝。帝生卢保，亦号开明。

　　大约春秋时期，荆楚一带的鳖灵部落，为逃避楚人追杀，沿长江逆流而上，逃亡到成都平原，被蜀王杜宇任命为丞相。此时一场汹涌的洪水袭击成都平原，鳖灵领着蜀人治理滔天的洪水，杜宇却在宫中与鳖灵之妻私通。

图4-10 带有楚风的玉璧，战国年间的楚国拥有一流的玉器加工工艺

东窗事发后他羞愧不已，将王位禅让给鳖灵，鳖灵即位，定国号为开明。

　　大多数学者相信，所谓禅让只是史学家的溢美之词，真实的鳖灵通过一场宫廷政变夺得了王位，历史上楚人常有弑君夺权之举，不知道这只是巧合，还是荆楚之人流淌着反叛血液使然——鳖灵是荆楚一带的部落，自然会打上楚文化的烙印，这个逃亡的部落即便两手空空，他们掌握的制作工艺、他们的审美观念、宗教信仰乃至故土情结，必定会在文物中有相似的体现。

　　春秋时期，船棺在四川还只是零星分布，规模不大，墓中随葬品也很简陋；战国年间，船棺几乎已遍布四川盆地。鳖灵夺得王位后，将子孙分封到各地为王，公元前 316 年联合巴人造反的苴侯，就分封在广元一带。船棺的分布范围，或许就对应着开明王朝的疆域。

　　既然船棺与开明王朝有关，为何独独在蒲江县境内发现了如此多的船棺呢？答案可能与食盐有关。蒲江地处茶马古道要冲，自古盛产井盐，汉宣帝地节三年（前 67）开蒲江盐井 20 所，设置盐官，宋代还曾设立盐井监，管理盐政，境内现存金釜、茅池、独孤、百家、大王、小王、金丝、琉璃等盐井 20 多处。金釜盐井地处光明乡金花村官帽山下，井口以方形石板砌成，临近的村落十多年前还用土法制盐，在房顶铺上竹枝，将卤水淋在上面，经过一段时间风干晾晒，卤水中的盐分在竹枝上结晶，收集起来足够家用了。

　　一个有趣的现象是，蒲江十次发现船棺，都集中分布在鹤山镇与白云乡，且从地形看都在盐井沟中，从地名就不难看出，这是一个与盐有关的地方。也许，蒲江曾是古蜀国重要产盐区，开明王朝分封王侯驻守在此，以保证食盐源源不断运送出去。自古以来，食盐便是重要的战略物资，也是历代王朝最感兴趣的资源。

亦武亦文，柳叶剑与巴蜀印章

春秋战国年间，中国大地上群雄割据、交相攻伐，开明王朝虽偏处一隅，恐怕也难享太平。盐井沟出土文物以兵器为主，几乎一半船棺中都有发现，如果排除女子之墓，恐怕当时男子都要配备兵器。兵器种类繁多，有剑、矛、戈、钺、刀、箭镞、弩机，又以柳叶剑最为独特。此剑不铸剑首，茎部有穿孔，夹装木条固定，再缠以麻绳。M32 出土柳叶剑剑柄上的麻绳尚清晰可见；M39 墓主，死后带了三把柳叶剑长眠。

柳叶剑剑身下部铸有手心纹、鸟纹、虎纹、蝉纹图案，剑身铸刻黑色或银色纹饰，形如虎斑，故得名"虎斑纹"。检测显示，"虎斑纹"成分为含锡的铜合金，推测采用了热镀锡工艺。经过这道工艺，柳叶剑更具韧性，极耐腐蚀，许多柳叶剑出土时依旧光亮如新、锋利无比。春秋战国时期越剑、楚剑均为天下名剑，谁能想到，古蜀人也是铸剑好手。

当秦、楚两国的战车在平原上冲驰酣战时，在河流纵横、高山林立的四川盆地，蜀国军队仍然依靠强健的四肢翻山越岭，跨江涉水。与中原式铜剑不同，柳叶剑短小灵活，形如柳叶，注重近身的刺杀，是短兵相接时的绝佳武器。柳叶剑曾被认为是三峡一带的巴人所创，而成都市考古研究所江章华副所长提出，柳叶剑源于成都平原，商代晚期即已出现，直到秦汉时期才逐渐消失，有清晰的考古学序列，巴人使用柳叶剑的时间要晚得多。

两千多年前，开明王朝的武士提着柳叶剑、扛着铜矛、拿着弩机走出四川盆地，加入到逐鹿中原的行列。鳖灵之子卢帝亲率蜀人北上，一度越过渭水，取得军事重镇南郑（今陕西南郑）。公元前 451 年，秦人偷袭南郑得手，蜀人不甘心，历经十年鏖战才艰难收复，司马迁在《史记》中记载为"南郑反"。

庞大的版图似乎带给过古蜀人难言的幸福和快感，这种快感在与楚人

图4-11 铜矛，船棺中的兵器有柳叶剑、铜矛、铜钺等

的战争中依旧得到延续。公元前377年，许是为报先祖鳖灵被追杀之仇，蜀人东征伐楚，一路高歌猛进，占得兹方（今湖北松滋）。这场战争的胜负，史料并无记载，想来剽悍的楚人也不会容许蜀人在家门口撒野吧。

另一些文物显示蜀人并非只是些赳赳武夫，他们甚至可能拥有独立的文字体系。盐井沟许多船棺都出土了青铜印章，单M2号墓就有两枚，都如一元硬币大小，一枚左边是汉字的"王"字，右边是两颗心脏与火焰图案；另一枚左右各有汉字"十""王"，中间夹着火焰与树形图案，下方是一把铜削。1998年，蒲江县还出土过一枚珍贵的鱼形印章，张开的鱼嘴、肥硕的鱼身、燕尾式的尾鳍上翘，印面有十字界格，将图语分成四部分：一条正在吐丝的蚕与一条鱼，汉字的"王"与火焰纹，一座山与三蒂纹，一只倒立的铎。（图4-12~14）

印章通常被认为是蜀人的族徽或官印，称为巴蜀印章，印章上的文字、

图4-12 淤泥中，一块巴蜀印章若隐若现

图4-13 蒲江出土的巴蜀印章，上面的符号可能是古蜀人的族徽或文字

图4-14 巴蜀印章拓片

纹饰叫巴蜀图语。四川省文史馆研究员冯广宏先生数十年来研究巴蜀图语，他认为既然汉字"十""王"与图语一同出现在印章上，说明蜀人有文字，只是较为原始，停留在象形阶段而已。《说文解字》的"氐"字，许慎解释说，蜀人用"氐"字形容山中石头已裂开但还没未坠落的状态，"氐"字既然被汉字借用，想来蜀地是有文字的。

算上这次，巴蜀印章上的图语已逾 200 个，或许，越来越多巴蜀图语的发现，会像甲骨文一样积少成多，建立起独立的文字体系，从而得到破译。开明王朝的更多秘密，就藏在这些小小的印章之中。

船棺之王，走进开明王朝的宗庙

四川各地虽有船棺出土，但规模最大的，当属成都商业街船棺。2000年 7 月 29 日深夜，成都商业街四川省委大院机关食堂工地，工人在地下挖出几段巨大的乌木，一些色泽亮丽的漆器隐约可见。考古工作者闻讯赶到现场，意识到这是一处船棺合葬群，墓中有船棺 9 具，10 米以上的 4 具，最长的一具 18.8 米，直径 1.7 米，由整根楠木雕凿而成，不仅国内船棺无可比肩，在世界范围内都找不到如此巨大的船棺。制造这些船棺的楠木，其树龄估计在 500 年以上。（图 4-15）

如果说船棺是开明王朝族人之墓，商业街船棺墓主的身份显然更为尊贵。奇怪的是，棺中尸骨压在漆器、陶器下面，散成一堆。凌乱的尸骨透露了一些信息：他们很早以前便辞世了，原本已经下葬，后来才挪到成都。

商业街船棺曾经被盗，青铜器几乎荡然无存，残留的漆器却依旧透露着皇家之气。漆器有几案、床、梳子、瑟、虎头、编钟、基座等，间绘瑰丽奇异的龙纹、鸟纹、卷云纹，色彩艳丽，纹饰斑斓，由此可以管窥开明

先秦

图4-15 商业街船棺遗址，目前可见规格最高的船棺遗址，可能是开明王朝的宗庙

王朝漆匠精湛的手艺。春秋战国时期的漆器极为珍贵，只有王族才能享用。（图 4-16）

　　墓坑周围的泥土基槽和木制基柱，围住了一块长 38.5 米、宽 20.5 米的面积，说明此处曾经有过规模宏大的建筑，或许就是开明九世迁到成都的宗庙，庙中埋着开明王朝的列祖列宗，甚至包括王朝的缔造者——鳖灵。中国古代的宫殿，前为"朝"，是君王处理朝政、会见文武百官之地；后为"寝"，是君王生活、起居之所。君王死后，陵寝模仿生前的"朝""寝"布局，称为"庙""寝"，前方是宗庙，后方则是灵魂长眠之所，这便是《诗经·小雅》中的"奕奕寝庙，君子作之"。商业街船棺的格局与古文献中的庙寝制度非常相似，前有庙，后有寝，这是中国发现最早的一处庙寝遗址，也将庙寝制度的时间提前到战国早期，有力地说明了开明王朝的宗教礼仪制度已达到了相当的高度。

　　在某些特殊的日子，分封到各地的王侯将相，还能回到都城，祭拜宗庙里的列祖列宗，看着一缕缕青烟拂过神道旁的石兽，其中自然也包括戍守蒲江的开明族人。安宁的生活在公元前 316 年戛然而止，这一年，苴侯联合巴人谋反，末代蜀王率大军攻巴，巴人节节败退，巴王遣使求救于秦。秦惠文王派遣张仪、司马错率师伐蜀，经历了商鞅的变法，秦人的虎狼之师早已所向披靡，末代开明王兵败被杀，蜀王子安阳王率领三万蜀人远迁交趾（今越南北部），建立瓯雒国，越南船棺显示出与四川的强烈联系，或许便与此次迁徙有关。

　　盐井沟 M1、M2、M26、M49 号墓都出土了秦半两，这几枚薄薄的钱币背后，却满是国破的离愁与苦楚。秦人入蜀后，开明王朝王公贵族或不屈而死，或屈辱投诚，蒲江的开明族人或许无奈选择了后者，他们小心翼翼地与秦人的虎狼之师相处，慢慢熟悉了秦国的半两钱，死后却依旧用船棺安葬，恪守着祖先的传统与部落的信仰。

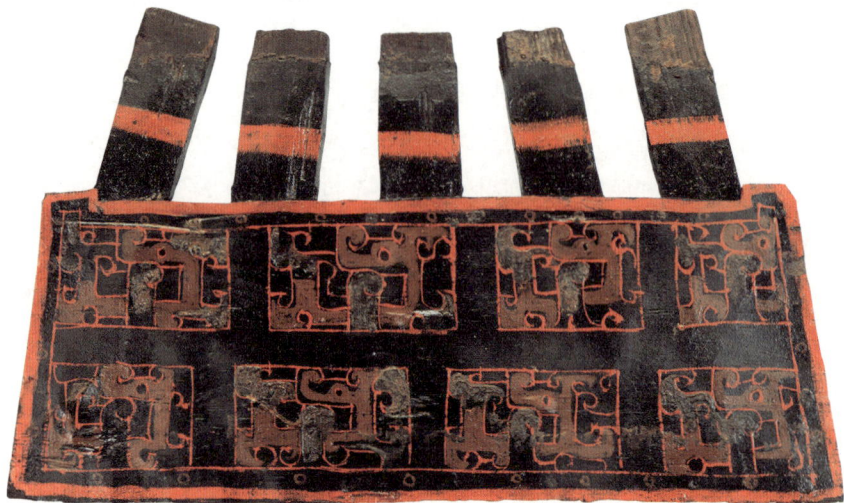

图4-16 商业街船棺遗址出土漆器

　　大约在秦代，成都城里的宗庙轰然倒塌，一些船棺甚至被盗墓贼锯断，拖出了墓地，成群结队的耗子在夜晚倾巢出动，在神案上分享着奉献给祖先的礼物。再后来，一个个生硬的郡县取代了昔日的故国，一批批陌生的移民带来了中原之风，蜀人以宗族关系为纽带的社会支离破碎，最终融入中原文化大潮之中。古老的船棺与王国的记忆被一同遗忘，直到两千多年后才被发现。这些载魂之舟，也再次从历史深处缓缓驶来。

船棺中典型的圜底陶罐，罐中通常存放食物与种子

出土的陶罐碎片，经过清洗、晾晒之后才能复原

船棺出土的陶罐中有大量古代植物种子，收集种子可以了解古人的食物构成

秦汉

嘉

岷

沱

江

陵

大

成都

渡

江

江

长

河

江

江

江

金

沙

江

05

雅安

07

06

08

09

雅安高颐阙

"挑兮达兮，在城阙兮，一日不见，如三月兮。""阙"
至迟出现于西周，定型并盛于汉代，汉代是"阙"
的极盛时代，"汉阙"一词由此得名。中国现存汉
阙45处，其中24处在四川，它们被称为"中国最
古老的地表建筑"，如同一些峨冠博带的老者，讲
述着汉人的城市、建筑、生活、传说，甚至梦想的
天国。

西风残照

汉家陵阙

　　大约百年前的一个初春，法国探险家色伽兰与同伴法占行进在四川渠县县城到城外土溪乡的古驿道上，调皮的中国儿童骑在路边残破的石兽上，对这些高鼻深目的外国人指指点点，路边黄色的建筑物下，坐着不少身着长衫的中国人。色伽兰翻身下马，走到建筑面前。他2月初从京师出发，经过2个多月的跋涉，终于见到了朝思暮想的汉代遗物——汉阙。

　　此前，这位精通汉学的法国人曾在《金石录》与地方志中寻得汉阙的点滴资料，当两千多年前的汉代建筑出现在眼前时，色伽兰还是大为惊叹：沈府君阙的顶盖如同一座年久失修的屋檐，高挺的阙身上，一条张牙舞爪的青龙口衔玉璧下的绶带，直冲云霄，朱雀翩翩起舞，下面有一行古朴的隶书："汉新丰令交趾都尉沈府君神道。"府君是汉代对郡相、太守的尊称，这位姓沈的府君曾在遥远的交趾郡（今越南北部）出任都尉，这是汉代郡县之中的最高军事长官。

图5-1 渠县沈府君阙

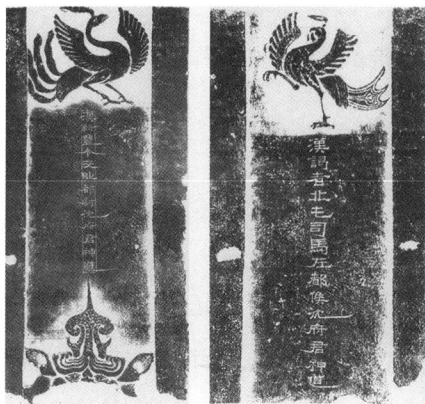

图5-2 沈府君阙拓片

　　1923年，色伽兰在法国出版《中国西部考古记》一书，将汉阙照片对外公布，引起了世界普遍的关注，没想到在古老的东方居然保存着两千多年前的建筑。1939年，著名建筑学家梁思成、刘敦桢等学者专程到四川考察汉阙，踏遍中国寻访古建筑的梁思成，终于在这里发现了中国最古老的地表建筑，在《中国雕塑史》中，他赞叹道："在雕塑史上，直可称两汉为享堂碑阙时代，亦无不当也。"

中国汉阙大半在四川

　　什么是"阙"？回答这个问题前，不妨先读读古代与阙有关的诗词：

　　《诗经·郑风·子衿》："挑兮达兮，在城阙兮，一日不见，如三月兮。"唐代诗人李白《忆秦娥》："乐游原上清秋节，咸阳古道音尘绝。音尘绝，西风残照，汉家陵阙。"宋代词人苏轼的《水调歌头》："不知天上宫阙，今昔是何年？"单是《全唐诗》中写到"阙"的古诗，就超过了1100首。为何中国历代诗人一直把阙当作吟咏对象？

"阙"，东汉许慎在《说文解字》中释为"门观"，晋人崔豹的《古今注》说得更为具体："阙，观也。古每门树两观于其前，所以标表宫门也。其上可居，登之则可远观。"阙是中国古代竖立在城市、宫殿、祠堂、庙宇、陵墓两旁的标志性建筑，用途不同，自然也就分为了城阙、宫阙、祠庙阙、陵墓阙等。

早在先秦时期，阙便已出现，当时的阙大多是城市的象征。除了《诗经》，《谷梁传·桓公三年》也有"礼，送女……诸母兄弟不出阙门"的记载。秦国统一六国后，秦始皇也立了不少阙，最著名的便是矗立在东海之滨的东门阙，这是继长城、阿房宫、骊山陵墓之后秦帝国的又一地标建筑，是秦帝国面向东方海洋的国门。

汉代是阙的极盛时代，"汉阙"一词由此得名。汉代创立之初，丞相萧何在长安营建未央宫，除了前殿、武库、太仓，还修筑了东阙、北阙。汉高祖认为天下未定，就修建如此壮丽的宫阙，实在太过奢侈。萧何答道："夫天子以四海为家，非壮丽无以重威。"换句话说，巍峨壮丽的东阙、北阙，就是大汉帝国威仪的象征。此后，汉武帝也在建章宫前立凤阙（亦称圆阙），凤阙"高二十余丈"，汉代1丈约合今2.3米，凤阙高约46米，该是何其壮丽巍峨！凤阙遗址位于西安市未央区双凤村，分为东、西两阙，东阙残高5米，西阙残高11米。

汉阙不仅是帝国的象征，还是汉代许多著名政治事件的发生地。未央宫的北阙一度是汉人上书、请愿、请罪、行刑的场所。汉宣帝时，名臣赵广汉入狱，"吏民守阙号泣者数万人"；酷吏田广明讨伐匈奴不力，回到长安后也在阙下自杀。汉代每每擒获夷狄之王，常将其首级悬于阙下。汉武帝时郭吉出使匈奴，就以"南越王头已悬于汉北阙"之语恐吓对方。巍峨的汉阙，传达出的不仅是至尊权威的建筑语言，还有"普天之下，莫非王土。率土之滨，莫非王臣"的王朝气魄。

图5-3 汉代画像砖中的城阙拓片

图5-4 汉代画像砖中的阙大多是城阙

　　长安城有宫阙，汉代的城市，从都城到边塞，大多筑有城阙，这是城市入口的标志，也兼有瞭望警戒与颁布法令的功能。两汉时期，伴随着一个个汉朝郡县的建立，恢宏的城阙遍布大汉王朝的各个角落，却鲜能保存至今。从考古发掘来看，汉代城阙大多以夯土高台为台基，其上有木构建筑，比如长安城宣平门阙址、洛阳城阙址以及四川芦山姜城阙址。姜城遗址位于芦山县县城南门外，百姓在这里常能拾到残破的汉砖、瓦当，上书"寿千万岁""长乐"铭文。

汉代的宫阙、城阙大多已在漫漫岁月中崩塌损毁，后人看到的石阙，绝大部分是陵墓阙，这也是中国存世最多的汉阙。与城阙、宫阙相比，陵墓阙的体量要小得多，它们是一些礼仪性建筑，立在帝王将相、文武百官陵墓墓道两旁，是墓主身份与地位的象征。陵墓阙有着严格的等级限制，最高规格的三出阙（即一主阙两耳阙）只能为天子独享，诸侯、文武百官可用二出阙（即一主阙一耳阙）或单出阙，平民与商贾是不能立阙的。魏晋之后，礼仪性的陵墓阙、祠庙阙走向衰落，城阙与宫阙则一直延续至唐宋，明清仍有余绪。

了解了阙的历史，你或许可以理解，为何历代诗人热衷于将阙作为吟咏对象。阙位于建筑物的最前端，以挺拔、巍峨的姿态改变了中国古代建筑平面铺成的布局，具有"纪念碑"式的意义，常常用来借指城市、宫殿，《全唐诗》中频频出现的"城阙""丹阙""河阙""朱阙"便是此意。再者，不少阙作为前朝遗物，孤零零地耸立在荒野田畴，那些残砖断瓦、败土颓垣往往引发诗人对往昔的追忆，这恰恰是中国诗歌永恒的主题。一些阙还作为当地的地理标志被载入史料，郦道元的《水经注》中便记载了诸多古阙。

诗词中的阙汗牛充栋，留存至今的阙却是凤毛麟角。中国存世的阙绝大多数修筑于汉代，现存汉阙46座，其中四川省24座，山东省11座，河南省3座，江苏省1座，重庆市6座，北京市1座，又以四川省最为集中，独占中国汉阙的半壁江山。四川的汉阙，广泛分布在绵阳、雅安、梓潼、芦山、德阳、夹江、渠县等地，其中，建于东汉建武十二年（36）的梓潼李业阙，是中国迄今发现的年代最早的汉阙。

一个村庄，三座汉阙

百年之后，我追寻色伽兰的脚步来到渠县，这里如今被誉为"汉阙之

图5-5 渠县无名阙

乡"，在县城到土溪镇的路上，不足 10 千米的道路旁密集地分布着冯焕阙，沈府君阙（双阙俱存），王家坪无名阙，蒲家湾无名阙，赵家村东无名阙、西无名阙六处七座汉阙，是四川汉阙最集中的区域。当年色伽兰探访过的赵家村，如今已改名为汉阙村，著名的冯焕阙就在村口，加上东、西无名阙，一个村里就有三座汉阙，在中国恐怕也无出其右了。

冯焕阙高 4.6 米，由顶盖、楼部、阙身、台基四部分构成，层层相叠，顶盖为重檐庑殿顶，其上雕有椽子、连檐、瓦当、瓦垄；楼部刻出栌斗、斗拱、方胜图案，正面两斗拱间刻青龙，背面刻玄武；阙身由整石雕成，正中书有两排飘逸的汉隶："故尚书侍郎河南京令/豫州幽州刺史冯使君神道。"（图 5-6）

秦汉

图5-6 渠县冯焕阙，冯焕的生平《后汉书》略有记载，官至幽州刺史

四川诸多汉阙中，冯焕阙形体较小，却朴素归真，简单飘逸，色伽兰称赞它为"绝优美之物"，梁思成也赞誉其"曼约寡俦，为汉阙中唯一逸品"。阙身的八分书隶书笔道细瘦，自由灵动，呈现出开张纵横、不拘小节的特点，是四川隶书碑刻的代表作。康有为在《广艺舟双楫》评价："布白疏，磔笔长，隶书之草也。"

冯焕的事迹，《后汉书·冯绲传》略有记载。冯绲在汉桓帝时曾任车骑将军，其父冯焕的传记附在《冯绲传》后。冯焕是巴郡宕渠人（治今渠县土溪镇一带），汉安帝时官至幽州刺史，在任秉公执法，嫉恶如仇，得罪了不少地方豪强。一天，皇帝突然下旨将冯焕收入监中，冯焕忧愤交加，意欲自尽谢罪。年幼的冯绲觉得事有蹊跷，他让父亲上书朝廷，结果是豪强伪造圣旨，意欲置冯焕于死地。真相大白，冯焕却已病死在狱中。公元121年，冯焕归葬宕渠，部属在墓前为他建立石阙，祭奠这位屈死的汉代忠臣。

其他无名阙的主人已难以考证，不过这丝毫不影响它们的艺术成就。王家坪无名阙楼部的"荆轲刺秦图"历来为人称道，画面中，荆轲被一名力士拦腰抱住，他投出的剑钉在了柱子上，秦王奋力躲避，衣服在争斗中被扯掉一角，秦舞阳跪伏在一旁。画面紧凑生动，匠人居然在冰冷的石头上雕出如此富有动感的场景，令人拍案叫绝。历史故事是汉人偏爱的雕刻题材，诸如"周公辅成王""孔子见老子""高祖斩蛇""二桃杀三士"在汉阙上频频出现。这些蕴含社会道德的画像，证明了汉阙当时具有浓厚的说教功能。

蒲家湾无名阙则恍若"动物世界"，翼马、朱雀、三足乌、九尾狐、双头鸟、玉兔，天国中的这些神兽预示着墓主死后会进入光怪陆离的神话世界。如果没有雕刻，汉代无疑是一个遗憾的时代，汉朝人将宴乐、出行、狩猎场景雕刻在汉阙之上，给后人展示着他们的生活甚至梦想中的天国。

渠县汉阙除沈府君阙外均是单阙，过去汉阙是成对分布的，现在许多汉阙已湮没在黄土之下。近年来，乡民在地里劳作，常能挖出一些汉阙构件。距离冯焕阙约百米的田埂上就发现阙顶、阙楼斗拱与阙身各一件，可能是早年乡民用作石料来垒砌田埂了。过去汉阙在村里挡道碍事，不少乡民将它们敲下来做石磨、石碾，不知道多少汉阙就这样从庙堂神物变成了农家工具。

中国汉阙的扛鼎之作

渠县阙多，雅安阙精。雅安有高颐、樊敏两座汉阙，又以高颐阙最负盛名。高颐阙位于雅安市北郊的姚桥镇汉碑村，一座座拔地而起的楼盘中间，围了个仿古的院子。左阙仅存阙身，顶盖是后来加上去的；右阙高590厘米，就连附属的耳阙也保存至今，是中国现存汉阙中结构最完整、保存最好的一座，在《金石略》《金石录》《舆地碑目》以及日本的《寰宇贞石图》《书道全集》，法国的《汉人陵墓艺术》中都有收录和介绍，被誉为中国汉阙的扛鼎之作。

高颐阙右阙重檐庑殿顶，四隅有憨态可掬的角神，其下露出24只枋子头，每只上书隶书铭文，从正面左起，四面依次为"汉故益州太守阴""平都尉武阳""令北府丞举孝廉""高君字□□"。楼部、阙身以高浮雕、浅浮雕、线刻、圆雕等多种技法，雕刻"车马出行图""鸟兽率舞图""季札挂剑图""夷人献宝图"，以及三足乌、翼马、九尾狐等神兽。车马出行图再现了墓主生前出行的场景：墓主安坐在轺车之中，前有八名伍伯开道，身后还有骑马的小吏跟随。轺车是汉代官吏乘坐的车舆，按照汉朝定制，文武官吏出行皆有仪仗队随行，车马之前鸣声开道的步卒叫"伍伯"，《续汉书》记载，"车前伍伯，公八人，中二千石、二千石、六百石皆四人"。高颐官至益州太守，按制应有四名伍伯，阙上却是八名，无疑已是僭越了，这也是东汉末期王室衰微、朝廷礼仪荡然无存的见证。

图5-7 雅安高颐阙，中国现存汉
阙中保存最好、结构最完整者

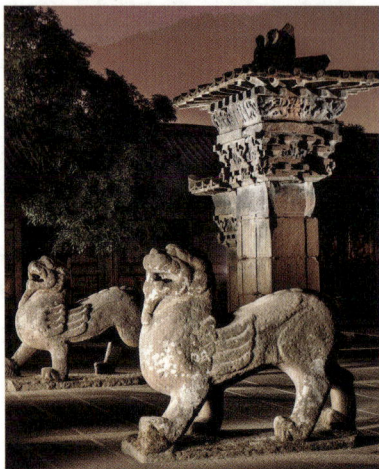

图5-8 雅安高颐阙与石兽。渠县阙多，雅安阙精，高颐阙历来以保存完好著称

阙主高颐不见于史料记载，汉碑村以前叫孝廉村，联系枋子头"举孝廉"的铭文来看，他是"举孝廉"走上仕途的。"举孝廉"是汉朝自下向上推选人才为官的制度，汉武帝元光元年（前134）令郡国举孝廉各一人，此后一直延续到东汉，两汉不少名公巨卿是孝廉出身。高颐曾任益州太守，其地域大部分在云南省境内，"夷人献宝图"中那些赤裸上身、光头大眼的夷人，恐怕也是高颐为官一任的再现。

高颐阙斗拱粗壮笃实，与汉代建筑雄浑大气的特点一脉相承。斗拱是中国建筑特有的构件，"斗"是斗形的木垫块，"拱"是弓形的短木，拱架在斗上，向外挑出，拱端之上再安斗，形成上大下小的托架，环环相扣，如蟒蛇缠绕。斗拱通常位于大型建筑物柱与梁之间，它的出现，解决了剪应力对梁的破坏问题，不过它又堪称艺术品，象征和代表着古典建筑的精神与气质。

汉代是一个稳定、富庶的时代，也是大兴土木的时代，是中国古代建筑第一个全面发展与融会的时期。昔日宏伟壮丽的汉代木构建筑早已在漫漫尘世中化为废墟。高颐阙以准确比例刻出斗拱、铺作、枋子头，令后人得以管窥汉人的建筑样式、比例，如同一部刻在石头上的中国建筑史。

傍晚，村民牟岳恒领着小外孙到院子串门，他告诉我，小的时候，高颐阙在一个破败的八角亭里，周围是水田。20 世纪 60 年代，雅安麻雀特别多，小小的八角亭里有上百个麻雀窝，村里的小孩常常相约掏麻雀蛋，这在当时可是难得的牙祭。他们脚踩阙身的缝隙，手抓突出的斗拱，一使劲就翻上了阙顶。临近天黑，胆小的小孩就回家了，老人说汉阙上有九尾狐，这是摄人魂魄的，那张着獠牙大口、衔着蛇的铺首也着实让人害怕。牟岳恒望着眼前的高颐阙，点了支烟，围墙外，一座座高楼大厦正拔地而起，将院落层层包围，"楼房越修越多，地都被征走了，村里不少人都搬到城里去了，只有老人和高颐阙还在"。

汉朝人的梦中天门

当年，从渠县离开后，色伽兰沿途参观了梓潼贾公阙、李业阙，绵阳杨氏阙，并留下了这些汉阙的存照。在梓潼县郊外一处树林边，贾公阙被孤独地遗忘在旷野中，看起来如同一堆乱石，令色伽兰唏嘘不已。

贾公阙如今位于梓潼郊外的太平村，当地人称"书箱石"。传说三国时诸葛亮派马谡守街亭，走时匆忙忘带兵书，诸葛亮急派张苞送去，张苞在梓潼迷了路，心急如焚，气得蹬脚，两箱兵书堕地化为"书箱石"。《金石苑》作者刘燕庭曾得到贾公阙拓片，上书"蜀中书贾公"字样，不过眼前的贾公阙已斑驳得看不出字迹了。"张苞送兵书"是当地人口中津津乐道的民间故事，贾公阙的真实身份反而被淡忘了。

绵阳杨氏阙在老川陕公路旁边，双阙俱存，左阙高 514 厘米，右阙高 521 厘米，枋子头"汉""平""杨""府"隶书铭文隐约可见。南北朝时，佛教在中国兴盛一时，高挺的阙身便成了绝佳的开窟场所。工匠费力地铲掉阙身的"车马出行图"，开凿了密密麻麻的佛龛，那些穿着褒衣博带长袍的供养人也把自己以及族人、奴婢的形象刻在阙身上，不大的汉阙顿时变得熙熙攘攘，这也让古老的汉代建筑多了几分梵音。

此外，四川尚有德阳司马孟台阙、芦山樊敏阙、夹江杨氏阙、西昌杨佑阙等。就阙主而言，冯焕曾任尚书侍郎、幽州刺史，沈府君为交趾都尉，高颐为益州太守，樊敏做过巴郡太守，德阳司马孟台阙主曾是"汉故上庸长"，无论哪一个都是响当当的人物，这也验证了史书中只有帝王将相、文武百官才能立阙的记载。

汉代的长安，天子脚下的官吏熙熙攘攘，可以想象，这些冠冕一时的官吏死后皆会立阙，长安一带的陵墓阙的数目可能并不比四川少，只不过已在漫漫长河中崩塌损毁。"西风残照，汉家陵阙"，萧瑟的西风残阳下，汉家陵阙残败寂寞无主，李白看到的，不仅是一幅绝美的意象，也代表着汉阙的某种境遇吧。

恢宏的陵阙注定只能属于达官贵人，汉人却在石棺、画像砖上刻下了无数汉阙的图形，这让学者们颇为疑惑，为何汉人会在生命的终点频频描绘汉阙的形象？四川简阳市鬼头山崖墓出土的画像棺上，双阙间刻有"天门"铭文，原来双阙是天门的象征。在汉人看来，死亡并不是生命的终点，而是另一种形式的开始，汉人无不希望穿越天门，到昆仑山拜会西王母，求得不死药，尔后自由地遨游在宇宙天地之间。

两千多年前，巍峨的城阙几乎出现在每一个汉朝郡县中，它们是汉代城市的象征，寓意着安宁、繁华，那些达官贵人死后也会竖立石阙，这或许已是当时最体面的葬礼；而在汉人心目中，还有一座隐形的阙，它寓意轮回，象征不朽，它是人间与天国的分界线——跨过双阙，便成为天国的一分子。

芦山樊敏阙

芦山樊敏阙旁的东汉神兽

06

伏羲女娲图

东汉年间，一种"金棺"在中国西南悄然流行。所谓"金棺"，便是整石凿成的石棺，又以雕有画像者最为尊贵。汉代光怪陆离的神话世界与汉人的升仙梦想，在金棺上一一呈现。迄今为止，中国总共只出土了百余具画像棺，而其中大约三分之一，都在泸州市合江县被发现。

合江金棺

汉代生命与死亡的画卷

两千年后，金棺重返城市

初秋的清晨，合江县合渝公路旁一个叫密溪沟的山头前，一个满头银发的石匠点起香烛、纸钱，拿着钢钎在岩壁上敲打了三下，又在每个工人手心画上一道符咒——据说这个古老的仪式能让他们免除鬼神的诅咒。尔后，几个光着膀子的工人用钢钎撬开一块块长条石，露出一个一人高、直径约 1 米的洞口。石匠往洞中丢了一串鞭炮，浓烟在洞中翻滚，十八个壮汉提着木杠、绳索走了进去。几分钟后，洞中传来急促的号子声，浓烟中，一具尘封了千年的石棺在这一刻重见天日。

密溪沟地处长江南岸，沟中隐藏着一个崖墓群，数十座崖墓层层叠叠环绕在山腰上，可能是家族墓地。在此前的考古发掘中，墓中出土了两对石棺、陶棺以及陶俑、陶猪、陶鸡、摇钱树座等，墓室也在发掘后被封存。

2010年9月，合江汉代画像石棺博物馆与成都市考古研究所联合启动"合江汉代画像棺征集"活动，在接下来的几年中，陆续将业已暴露的石棺征集回馆，加以保护。

令人不解的是，密溪沟数十座崖墓，只出土了两对石棺、瓦棺，其他墓室空空荡荡，并没有任何棺椁，同样的情况也在四川其他地方反复出现。汉代的棺椁大概有石棺、瓦棺、木棺三种形制，又以造价低廉的木棺最为常见。木棺易朽，早已在岁月长河中消失殆尽，唯有坚固的石棺能够保存至今。

汉代之前，陶器与木头一直主宰着古人的墓葬文化，就连好大喜功的秦始皇，似乎都满足于他的陶制兵马俑；到了汉代，坚固、朴素的石头显然更符合汉人永恒、长生的理想，汉人的阙、碑、墓室无不与石头有关。

图6-1 十六个壮汉抬着画像棺，渡过长江，重返合江县城

在中原，画像石墓、画像砖墓是主流；而在巴蜀之地，崖墓却大量盛行，这种墓葬直接在坚硬如铁的岩壁上开凿墓室，如同满天星斗一般遍布四川的丘陵山地，成为汉人灵魂栖息之所。正如陶渊明在《拟挽歌辞三首》中吟唱的那样："死去何所道，托体同山阿。"

汉人却仍不满足，东汉年间，一种金棺在西南悄然流行，豪强商贾竞相效仿。这种在汉文帝眼中奢侈无比的"金棺"，其实是整石凿成的石棺，又以棺身雕有画像者最为尊贵，称为"画像棺"。如果说汉代崇尚厚葬，画像棺便是其登峰造极的产物。正因为如此，迄今为止，全中国总共只发现了百余座画像棺，主要分布于四川、重庆、云南、贵州、山东等省市，其中九成在四川，合江又占有其中三分之一。

工人拉着木板车，载着画像棺，一前一后，来到长江码头，将画像棺抬上一艘铁驳船，清脆的马达声响起，铁驳船驶向对岸的合江县城。两千年前，或许正是这样的一个清晨，一支出殡队伍护送着墓主的金棺从城市走向了郊野；两千年后，金棺重返城市，一群群穿着时髦的现代人驻足围观，一栋栋高楼取代了昔日成片的宅第。脚下，是一片熟悉却又陌生的土地。

竹林之中，遍地画像棺残片

早在一年前，对合江画像棺的调查便已展开。我和合江汉代画像石棺博物馆馆长贾雨田来到密溪乡芭蕉湾时，叶发英正拾掇着干柴，经过一夏天曝晒，柴已经干了七八分，得趁秋雨到来前码到"蛮子洞"里。

叶发英屋后，几十个"蛮子洞"密布崖壁。三十多年前，她刚嫁到芭蕉湾，公公告诉她，这是古时候蛮夷的墓，墓里的尸骨、文物早已荡然无存，古老的崖墓却成了芭蕉湾乡民天然的窨洞，每家挑了几个，晾干草，码干柴。就是叶发英家的母鸡，也能轻车熟路地在自家的"蛮子洞"里下蛋。

"蛮子洞"下的竹林中，碎石块随处可见，不少雕刻着精美的花纹。贾雨田捡起一块，递到我手中，上面有个铜钱大小的图案。这是联璧纹，璧在古时是祭天的礼器，墓主相信，这样的图案会帮助他死后进入天堂。

竹林掩映的崖墓中，有具残破的画像棺。棺身早已残破，棺盖掀在一边，大小不一的碎石块与枯黄的竹叶、竹壳遍布墓室。在残存的棺底侧面，我看到一排联璧纹，过去，联璧纹往往在画像棺上成片出现，与车马出行、仙人六博、宴乐、西王母等构成一组画像，显然，这具画像棺还应有其他图案。之前见到的碎石，应当也出于此。

合江地处贵州高原向四川盆地的过渡地带，大娄山山脉从黔北向境内延伸，县城南部多深丘、山地，北部以浅丘为主，为崖墓、画像棺的开凿提供了必不可少的条件。直到今天，境内仍然分布着芭蕉湾、高村、梭滩石、鱼天堂、铜锣山、张家沟等崖墓群，画像棺往往就藏身其中。

千百年的风吹雨打，山体逐渐剥落，沟底越抬越高，直到有一天，村民发现，原本高高在上的崖墓居然到了山路旁，猫着腰就能钻进去。过去，无数画像棺从崖墓中被取下，用作水缸、猪槽、米仓，甚至打碎了铺路，做地基。

华阙林立，峨冠博带

迄今为止，画像棺在四川许多地区只是零星出土，而在合江却异常集中，这个地处西南边陲的县城，为何会出现如此多的画像棺，一个叫唐蒙的官吏，成为揭开谜底的关键人物。

汉武帝建元六年（前135），中郎将唐蒙率士兵千名，辎重队伍万余人出使西南，目的是联络夜郎国首领，共同对付日益骄横的南越国。这支庞大的队伍，沿赤水河符关（今合江镇南关）而上，翻越大娄山、蒙山，来到夜郎国。面对突然造访的汉朝使者，夜郎王数次询问汉朝疆域比之夜郎

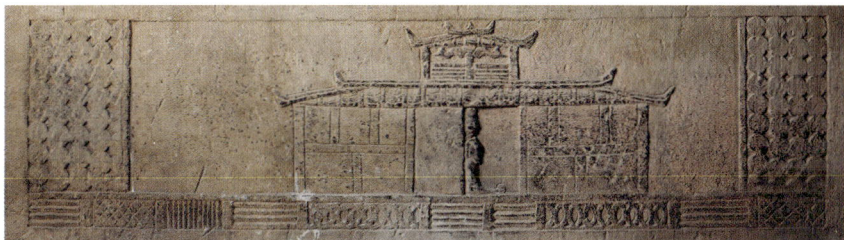

（左侧）宅第图

（右侧）车马出行图

（前档）双阙天门图

（后档）伏羲女娲图

图6-2 东汉董永侍父画像石棺

　　　　　　　　　　　　　　　　　　　　秦汉

（左侧）五君子观龙图

（右侧）五君子观虎图

（前档）重檐双阙天门图

（后档）九尾狐图

图6-3 东汉五君子观虎画像石棺

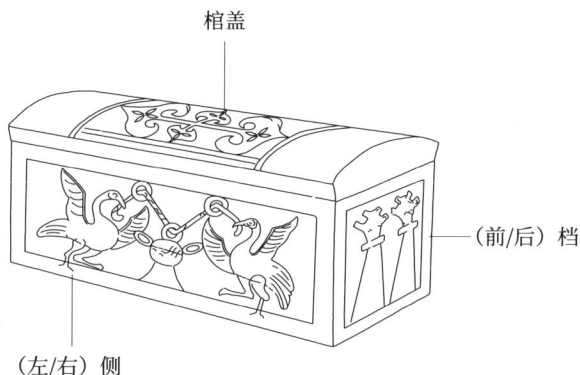

棺盖

（前/后）档

（左/右）侧

图6-4　画像棺结构图

国如何，这便是成语"夜郎自大"的来历。明修栈道，暗度陈仓，唐蒙表面上出使夜郎，庞大的辎重队伍却沿途架桥铺路，开通了一条连接巴蜀与夜郎国的古道，史称"夜郎道"。

夜郎道的开通如同经脉一般，串联起了中原、蜀、滇，乃至更远的身毒、大夏国（今印度、阿富汗），四川的盐、铁、荔枝行销云南、贵州；云南的铜、锡，异域的象牙、珠宝也源源不断进入中原。一时间，合江马帮穿行，船来舟往，官吏、商贾络绎不绝。今天赤水河沿岸，依旧能看到上百个青石铺就的水码头，福宝、仙市、尧坝等古镇出产的荔枝、酱油、油纸伞，至今仍行销云南、贵州，让人相信古老的商脉从未中断过。

西汉元鼎二年（前115），汉武帝设合江县，络绎不绝、生生不息的中原移民的进入，给合江带入一股中原文明之风，乃至中原人的生活方式。那时候的合江，华阙林立，商肆连绵，峨冠博带的汉人乘着辎车往来，官吏、商贾在宅邸中无休止的宴乐，已经与天子脚下那些繁华的汉朝郡县别无二致了。官吏、商贾死后也未能回到故土，他们被送入崖墓，在一尊尊金棺中长眠。1987年9月，合江出土的一具石棺上，刻有"东海太守良中李少君"铭文，画像棺的主人，可能很大一部分属于豪强、官吏与商贾。

不过，如果说画像棺是中原移民带入合江，东汉年间，画像砖墓、画像石墓在中原极为流行，为何画像棺却少之又少？以石为棺椁的传统，汉代之前中原并不常见。相反，中国西南自古盛行石棺葬之风，比如岷江流域的石棺葬，安宁河流域的大石墓，古蜀王蚕丛死后也归葬"石棺石椁"。20世纪六七十年代，川南山区的许多老人生前便找来石匠，为自己打造石棺，有财力的还要在上面雕出纹饰。就造价而言，石棺远远超过了木棺，不过老人相信，坚固的石棺才能历经岁月的洗礼。这样的心态，与千年之前的古人是何其相似，让人看到石棺文化肇于远古的生命力。

而汉代之前，西南石棺葬数以万计，却没有看到一幅画像。合江画像棺上常见的西王母、宴乐、车马出行、汉阙、伏羲女娲等画像，在中原画像石、画像砖上都能看到，而画像在中原出现的时间更早，应该是随着中原移民的迁徙进入西南的。画像棺，或许是中原画像之风与西南石棺传统融合的产物。

汉代画卷，再现生命与死亡

几天后，我来到合江汉代画像石棺博物馆时，2具石棺已经清理完毕了。加上这2具，馆藏汉棺已有30多具，其中9具为国家一级文物，这也是中国唯一的画像棺专题博物馆。狭小的展厅早就容纳不下这些大家伙了，不少画像棺只有寄身走廊上、屋檐下，一对对在崖墓中厮守了千年的汉代鸳鸯，唯有终日凭栏相望了。

清晨，阳光从青瓦的缝隙漏下来，洒在密溪沟女主人画像棺前档的双阙上。阙是古代城垣、宫殿、府邸、陵墓前的门楼，陵墓前的阙，汉代只有太守以上级别的官吏才能享用，而合江画像棺几乎每具棺上都有双阙图案。难道20多位棺主都曾为官一任，甚至夫妇俩同时当上了太守？后来，在简阳市鬼头山崖墓画像棺上，学者们在双阙间看到"天门"的铭文。原来，双阙是人间与天堂的界线，与墓主的级别没有直接关联。

后档的伏羲女娲人面蛇身，手托日月，他们是中国神话的始祖神，由于能再造生命，受到渴望长生不死的汉人的推崇。画像棺上，伏羲女娲往往成对出现，蛇尾交叉或重叠，暗示着生命的延续与轮回。（图6-5）而如果伏羲女娲没有交尾，则意味着墓主生前并未完婚。闻一多就说："西汉末到东汉末是伏羲女娲在史乘上最煊赫的时代，就是因其能体现死者转生的企图。"

图6-5 清洗刚刚征集的画像棺，伏羲女娲图案露出来

奇怪的是，棺身并未有任何造像，工匠将棺身分成三块后，雕刻工作便戛然而止，她夫君的金棺没有任何雕刻。这或许有两个可能：汉代风俗，逝者往往选择吉时安葬，可能日子已定，棺还未成，不等完工便草草下葬；东汉年间，一具画像棺价值数万钱，也许画像棺造价太高，超过了预期，已经让这个家族无力承担了。

一具完整的画像棺，前档、后档、棺身皆凿有画像。前档多为双阙，后档则为伏羲女娲，棺身则多是墓主生前的生活与想象中的仙境。一种轺车在画像棺上大量出现，这是汉代贵族、官吏出行的轻便马车，前有伍伯开道，后有侍从随行，而伍伯就是汉代官吏出行的仪仗队；高深的宅第中，墓主与宾客席地而坐，举杯畅饮，在钟、磬、鼓、排箫、笙、瑟等多种乐器的伴奏下，舞女挥舞长袖翩翩起舞，表演着汉代流行的"长袖舞"……墓主生前的生活，被栩栩如生地定格在冰冷、坚硬的石头上，而这一切竟然由简单的铁钎、铁凿完成，令人惊叹于石匠的鬼斧神工。

在汉人看来，死亡并不是生命的终结，而是另一种生命形式的开始。于是，许多画像棺上时常重复着这样的场景：墓主穿越天门，来到昆仑山拜会西王母；西王母端坐在龙虎座上，世人梦寐以求的不死药，由活泼的玉兔、蟾蜍捣制着，三足乌、九尾狐往来穿梭；生着双翼，长着长耳，赤身裸体的仙人自在遨游……两汉时期，对西王母的崇拜达到顶峰，中央政府甚至设立专门的官员负责西王母的祭祀，汉人无不幻想死后能升入仙境，遨游昆仑山，向西王母求得不死药。

有了这些画像，一具简单的石棺，就与浩瀚的宇宙、缥缈的仙境以及墓主往日的追忆发生了联系，它们也组合成了一幅汉代生命与死亡的画卷：黑暗的地下世界，太阳与月亮依旧熠熠生辉，阴阳调和；墓主生前享有的财富，将伴随着他的再生带入来世；最为重要的是，墓主已经跨过天门，成为天堂的一份子。

图6-6 汉代画像棺上往往保存诸多故事，堪称汉代社会的连环画

图6-7 新津崖墓画像棺"秋胡戏妻图"

图6-8 新津崖墓画像棺"戏猿图"

古道汉风，汉文化在西南大地流淌

汉代的西南，除了夜郎道，灵关道、五尺道也相继开通。灵关道从成都出发，经今邛崃、芦山、雅安、荥经、汉源、西昌、会理入滇；五尺道则顺着岷江水道过新津、彭山至乐山，经宜宾、高县进入云南昭通。这些蜿蜒在西南崇山峻岭中的古道，也称"南方丝绸之路"。

有意思的是，迄今有金棺分布的地方，多是昔日古道重镇。1941年，史学家任乃强在芦山县沫东乡石羊上村发掘出一具石棺，棺身雕有青龙、白虎、朱雀、玄武四灵，造型古朴、极富动感，并有铭文："故上计吏王晖伯昭，以建安拾六岁在辛卯九月下旬卒，其拾七年六月甲戌葬，呜呼哀哉！"（图6-10）墓主王晖官至上计吏，东汉制度，每到岁末，各郡国上计吏皆需赴京师汇报户口、垦田、钱谷及盗贼情况。1942年，郭沫若收到王晖石棺拓片，赞不绝口："不意东汉末年芦山偏僻之地竟有如此之无名艺术家存在也！"

图6-9 王晖石棺后档"玄武图"

图6-10 芦山王晖石棺，墓主王晖官至上计吏

图6-11 汉画像石"骑象图"

图6-12 荥经县出土画像棺分为三部分，左为
两人对吻，右侧为西王母，正中为妇人启门

荥经县陶家拐画像棺，斗拱将棺身分为三个空间，最左侧，一男一女席地而坐，男子双手搂着女子接吻，堪称最浪漫的一具金棺。（图6-12）内江市红缨1号画像棺由13块石板、石条拼接而成，形如房屋，棺盖则如同屋檐，瓦当、筒瓦、板瓦、藻井等仿木构件一目了然，棺身有一扇门，可以开合，是四川画像棺中特立独行的作品。而宜宾、新津、雅安、简阳、长宁、彭山等地已屡有画像棺出土。

图6-13 荥经东汉石棺局部"饮马图"

这并不奇怪,随着南方丝绸之路的开通,西南邛人、笮人、僰人、牦牛羌、青衣羌、夜郎国、滇国等部落与古国相继臣服或消失,一个个汉朝郡县建立,一批批中原移民进入西南。铁器开始流行,五铢钱成了商贾间交易的通行货币,吟着古诗、写着汉隶的游子行走在巴山蜀水间。汉文化如同血脉一样流淌在中国西南大地上,汉人视为生命轮回的葬俗以及他们信奉的神灵,当然也如影随形了。

汉代同样是画像砖流行的时代,这是一种在木板上刻上印模,泥土烧制成的汉砖,往往镶嵌在墓室两壁。不同地域出土的画像砖,风格与造像却往往极为相似,可能由专门的窑场烧制,供人选购。与画像砖不同,合江画像棺上的数十幅画像,题材虽然相似,造像却千姿百态。一具画像棺完成粗胚后,往往由画师绘出底稿,再由石匠雕刻,即便相同的画师、石匠,都难以创造出同样的作品,每一件都是独一无二的珍品。汉代的雕像,往往更在乎气氛与场景的表达,而不注重人物形象的刻画。当时,阴线刻、浅浮雕技术被广泛运用,工匠在雕刻完工后,常常不进行平整加工,故意留下雕凿痕迹,这样的处理使画像更显粗犷、豪放与古朴,这也成了汉代雕刻的永恒基调。

东汉末年,群雄割据,中国陷入无休止的战乱之中,加之曹操、诸葛亮提倡薄葬,时至三国,金棺已然绝迹。北魏、初唐年间,画像棺又在王公贵族之间悄然流行,这在唐代章怀太子、懿德太子、永泰公主陵墓中已屡有发现。宋、金、元时期的墓葬中偶尔也有画像棺出土,不过这终究已是余绪了,汉代才是金棺的极盛时代。百余具画像棺,也掀开了汉朝的冰山一角——我们看到了汉人的宴乐、出行、舞乐、杂技甚至秘戏,看到了佛教进入中国前那个光怪陆离的神话世界,也看到了汉人的升仙梦和他们的心灵。

07

朱雀图

汉代壁画墓在中国多发现于北方与中原地区，而在德阳中江县玉江之畔的塔梁子，却有座东汉壁画崖墓，这也是中国南方最早的壁画墓。从斑驳的壁画中，我们看到了汉人的冠冕、服饰乃至生活，飘逸的汉隶则讲述着一个东汉家族的宦海浮沉。

东汉丹青

中国南方最早的壁画墓

汉代崖墓，密如蜂巢

文管员打开铁门，搬开封堵住墓门的沙袋，沿着狭长的墓道，我与中江县文管所前所长王启同走回到两千多年前的汉代。由于担心温度变化加速壁画风化，文管员只把沙袋挪了个小口。我跳进墓中，这是一个漆黑的世界，阴冷潮湿，墓顶的水珠滴在地上，"滴答滴答"，在空旷的墓室中回荡着。

"死去何所道，托体同山阿。"诗人陶渊明的这首挽歌，不仅写出了汉晋时代的中国人面对死亡的态度，也是汉晋墓葬文化的真实写照。大约从汉代开始，一种崖墓在中国大地，尤其在西南地区极为盛行。所谓崖墓，即在岩壁上凿穴筑室，并仿照墓主生前生活，分割成享堂、墓室、盥洗间、厨房诸多空间。汉代，崖墓在四川盆地盛极一时，密如蜂巢般分布在长江、涪江、岷江、沱江、嘉陵江、郪江及其支流两岸岩壁上。

　　四川盆地诸多崖墓群中，郪江崖墓历来以宏大的规模、惟妙惟肖的雕刻与缤纷多彩的彩绘闻名遐迩。（图 7-1）玉江是郪江源头，两岸丘陵连绵起伏，相对高度在 50—100 米，成为古人开凿崖墓的绝佳场所。沿着玉江，从东到西依次分布着古仙洞、宝峰山、柑橘梁子、塔梁子、青龙嘴、蛮洞山等诸多崖墓群。"塔梁子，北塔寺，听钟声，知晴雨"，在中江县民主乡桂花村，上了年纪的大爷常常哼起这样一句民谣。塔梁子是村里李家湾一个山岗，传说上面曾有座北塔寺，乡民听得钟声，便可推知隔日是晴天还是雨天，时人皆以为神异。

　　2002 年初春，村民发现塔梁子山腰几座崖墓被盗，王启同在腰间绑上绳索，从盗墓贼留下的盗洞下到墓中。地上随处可见破碎的陶俑、陶片，

图7-1 玉江是郪江的源头，郪江崖墓历来以精美的雕刻闻名

仿木门枋上，持剑的武士守护着这个阴森的世界，戴着小尖帽的男子踏歌起舞。再往前走，墓室绘着几幅彩绘，先在墓壁敷泥，再以线描勾勒出轮廓填色——这是壁画。此前，中国南方较少有壁画发现，塔梁子崖墓是四川成千上万座崖墓中唯一可见壁画的，并于2006年被评为全国重点文物保护单位。

隶书题榜，宦海浮沉

环绕塔梁子山腰分布着九座崖墓，又以眼前的M3号大墓最为恢宏。M3长21.95米，高逾2米，主墓室共有五进，带有六间耳室，墓室之间凿有门枋，壁画就绘在第三室的耳室。（图7-2）墓壁浮雕壁柱、壁穿，将墓壁分成"田"字形，八幅壁画就两两绘在这四个矩形区域中。我拧开手电，橘黄色的光芒照亮整个墓室，那些沉睡千年的人物苏醒了，讲述着一个东汉家族的兴衰、迁徙乃至宦海浮沉。（图7-3）

八幅壁画均为清一色的宴饮图，其中第一、五、七幅壁画题有墨书题榜。第一幅壁画中，峨冠博带的荆文君与宾客跪坐在席上，面前放置盘、豆等陶器，荆文君身边有个侍从，身着蓝色长袍，袖口、领口描成红色，右手捧棒。壁画空白处，一行行汉代隶书犹清晰可见："先祖南阳尉，□□土乡长里，汉太鸿芦（鸿胪）文君子宾，子宾子中黄门侍郎文君真坐与诏，外亲内亲相检厉见怨。……父即鸿芦，拥十万众，平羌有功，赦死西徙，处此州郡县乡卒。"（图7-3-②）四川过去虽屡有汉碑、汉刻出土，却从未发现过墨书汉隶，汉碑、汉刻由于题材所限，往往浑厚深沉，静穆雍容，塔梁子墨书汉隶则直接在墓壁上书写，笔势生动，飘逸自若，打开了了解汉隶的另一扇大门。

那个手持木棒的侍从，也引起了学者的浓厚兴趣。汉代画像中时常能

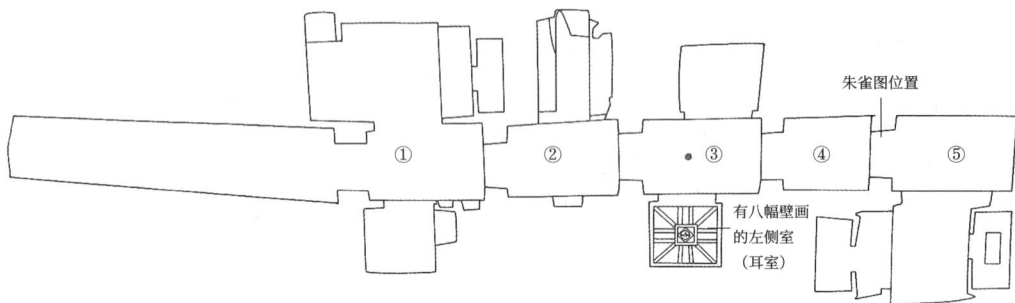

图7-2 M3墓形结构示意图，五进六耳室（本文线描图均引自《中江塔梁子崖墓》）

看到类似木棒，过去一度被认为是舞者表演时用的剑。汉画研究学者蒋英炬在《汉画执棒小考》一文中提出，汉画中频频出现的棒，实是兵器。《三国志》记载，曹操初入洛阳任北部尉，即在京城四座城门悬挂五色棒，"有犯禁者，不避豪强，皆棒杀之"。侍从拿的木棒，应该与曹操的"五色棒"差不多，既可保卫主人安全，也象征着荆文君无上的权威。

第五幅壁画，两黑衣男子相对而坐，空白处有两处题榜："广□守丞、瓦曹吏、创农诸□掾□子女长生□□□□□父造此墓""蜀太守文鲁掾、县官啬夫、诸书掾史堂子元长生。"荆子女曾任广汉守丞，汉代太守之下分设议曹、贼曹、仓曹、田曹等官，分别掌管谋议、侍卫、民户、耕作等，瓦曹过去不见于史书记载，可能主管瓦的生产。荆子元则担任文鲁掾、县

图7-3 M3号墓第三室耳室
右壁、后壁为彩色壁画（正对墓门方向），
左边为浮雕兵器图

① 宴饮图第三幅，左边两人坐于席上，面前置案，案两边摆有盘

② 宴饮图第一幅，左边两人坐于席上，面前摆有盘、豆

③ 宴饮图，壁画有三人，两人分坐席上，左侧有一执棒的男子

人物栩栩如生，甚至浓妆艳抹

M3墓左侧室中，右壁与后壁壁面呈"田"字形，并在平涂的稀泥地仗层上绘制壁画

⑤ 宴饮图第七幅，画中主要人物可能为荆子安夫妇

⑥ M3浮雕兵器图，可辨认的有剑、戟、矛等

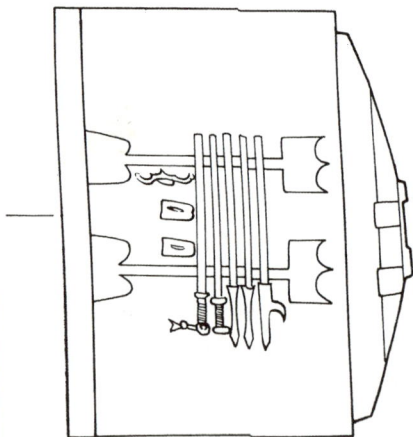

0　　　　　　　　　　1米

④ 宴饮图第五幅，右侧上面有"蜀太守文鲁掾县官啬诸书掾史堂子元

图7-4 M3号墓总长33.25米，墓室长21.95米

官啬夫一职，啬夫与县丞地位近似，大概负责听讼、赋税一类事务。荆子元身后还站着两个毕恭毕敬的小吏，墨书点名了他们的身份——司空与司空佐。汉代实行"三公九卿"制度，所谓"三公"，便是司徒、司空、司马。事实上，汉代郡、县以及军队中也设有司空，不过只是小吏而已，司空佐是司空的助手，职位就更低了。（图7-3-④）

第七幅壁画剥落斑驳，从残存的"荆子安字圣应主""应妇"字迹推断，壁画主人是荆子安夫妇，他们与子元、子女都是荆文君的子孙，也极有可能是M3号大墓的主人。汉代崖墓群往往是家族墓葬，塔梁子便是荆氏族人的长眠之地，一座崖墓可能是夫妻合葬墓，也可能同辈人一起安葬，家族的亲情与纽带以这样的方式延续着。（图7-3-⑤）

秦汉

图7-5 M3号墓侧室，墓顶的藻井清晰可见

八幅壁画宛若连环画一般，串联起荆氏家族的脉络：荆氏西迁先祖荆文君（字子宾），官至大鸿胪一职。大鸿胪名列九卿，官秩两千石（两汉时期，官秩以石来划分，除了大鸿胪，太守、刺史也是两千石）。荆文君之子荆中出任黄门侍郎，侍从皇帝，传达诏命，可谓冠冕一时。可惜造化弄人，荆中因故得罪皇亲国戚，荆文君由此被牵连，罪该当诛，最后皇帝念荆文君平羌有功，这才赦免了死罪。

汉代诸侯王、部族首领朝见皇帝，或者外国使臣来京上贡，都由大鸿胪一手承办，而荆文君曾率十万余大军击败羌人，似乎说明汉代的大鸿胪也能掌管军队，这也验证了《后汉书·安帝纪》的记载：延光三年八月，大鸿胪耿宝转任大将军一职。

图7-6 M3号墓三室门枋，左侧为胡人执棨戟吹奏门吏，右侧上层浅浮雕飞鸟，中层彩绘门人，下层高浮雕狗头

获罪西迁，昔日的大鸿胪领着族人西迁入蜀，在这片陌生的土地开始了远离庙堂的生活。不过从壁画来看，入蜀后的荆氏家族并未就此沉沦，荆文君依旧有持棒的侍从护卫左右，荆子元、荆子女也在郡、县任职，享受着无尽荣华。

汉代壁画过去常常发现于砖室墓中，又以北方、中原地区最为集中，颇具代表性的有洛阳西汉卜千秋壁画、洛阳老城西北西汉壁画、八里台西汉墓壁画、内蒙古和林格尔壁画等，墓主均为两千石以上的高官。荆氏家族曾是京城豪门，他们将中原上层官吏中流行的壁画风俗带入西蜀，借此显示家族的显赫与辉煌，也就不足为奇了。在古代，家族的迁徙、民族的融合往往也充当着文明的使者——或许正是这次阴差阳错的迁徙，造就了中国南方最早的壁画墓。

浓妆艳抹，踏歌起舞

其他几幅壁画大多斑驳剥落，人物依稀可见轮廓，从残存的黑色、白色、红色、蓝色，推想他们曾经浓妆艳抹。西南潮湿，加之砂岩透水性强，平敷在墓壁的细泥干了湿，湿了又干，已层层起翘、脱落。那些美丽的汉代丹青，就这样散落一地，没入尘土。

中国最早的矿物颜料早在商周年间便已出现，成书于战国年间的《尚书·禹贡》就有"黑土、白土、赤土、青土、黄土"的记载。时至汉代，汉人对矿物颜料的运用已臻成熟，绿色的空青、蓝色的石青、黑色的炭青、白色的白垩、红色的朱砂或赤铁矿是当时最流行的颜料。矿物颜料成分稳定，色彩鲜艳，其色泽往往可以延续千年。

除了壁画，M3号大墓诸多雕刻也用矿物颜料装饰：仿木门雕凿出檐枋、瓦垄、瓦当，檐枋用红色涂抹，瓦当边缘则用黑色勾勒；门枋右侧的门人

图7-7 朱雀图

图7-8 胡人舞蹈图

秦汉

身着交领长袍，他的冠冕、耳环、衣领、袖口用墨线勾勒，口、鼻则用红色涂绘；鸟儿飘飘起舞，口中衔鱼，工匠先雕出轮廓，再用红色、墨色勾涂鸟嘴、腿、翅膀，线条简约古朴，逼真灵动……诚如学者范小平在《四川崖墓艺术》一书中所言，北方的壁画在砖室墓敷上白灰，勾线施彩，四川崖墓则运用石头的肌理施彩，以其淳朴的色彩，简练、豪放的线条，表达了民间艺术家对社会的理想与认识。

第三室甬道中有个彩绘颇为有趣，五个男子手挽手站成一行，踏歌起舞。男子深目高鼻，留着一脸络腮胡子，身着窄袖长衣裤，头戴红色小尖帽，与汉人的宽袍大袖风格迥异，可能是史书中记载的胡人。（图7-8）《后汉书》记载："灵帝好胡服、胡帐、胡床、胡坐、胡饮、胡箜篌、胡笛、胡舞，京都权贵皆竞为之。"现在看来，胡人歌舞不仅仅在京师得到追捧，在遥远的西南边陲，那些带着异域风情的歌舞依旧久久飘荡着。

我曾经走过四川盆地的诸多崖墓，乐山麻浩、合江鱼天堂、成都天回山、彭山江口、宜宾黑石头等，它们或有着庞大的墓室，或有着造价不菲的画像棺，或随葬精美的陶俑，在"视死如生"的汉代人眼中，死亡并不恐怖，而是另一种生命形式的起点，所以如此精心地构造地下世界。在我看来，塔梁子崖墓的世界更加多彩，浓墨重彩的丹青让阴森的墓葬不再暗无天日，一如墓主生前的生活，一如那个歌舞升平、宴饮不休的大汉王朝。

塔梁子是一处东汉崖墓群，环绕山腰共有9处墓穴

沿着长长的墓道走进M3号墓，入口为向下凿成的斜坡

08

双马人纹铜树形器

史书中的笮人，是一个集居在盐源盆地的古老部落，他们擅长修桥，并因手艺精湛得名，西汉年间神秘消失。考古发掘显示，笮人的遗物以兵器为主，其武士的形象一度深入人心，他们的盟友、仇敌以及贸易者的影子，也随之若隐若现。

盐源笮人

影子武士

老龙头，全身披挂的武士

2001年初春，盐源县毛家坝村老龙头，一座恢宏的墓葬正在发掘。随着表层的耕土被清理完毕，农田中出现了三块呈"品"字形分布的黑褐色大石，巨石底下是一幅刀光剑影的场景：他是个身高1.9米的大个子，左臂套着一串铜镯，脖子周围散落着38颗红色鼓形玛瑙珠，身体周围满是曲柄剑、三角援戈、柳叶矛、弧背刀、钺、斧等青铜兵器，枕部还有一个树皮做的箭囊，里面18枚箭镞依旧寒光闪闪。墓主全身武装，应该是名骁勇的武士。这座墓葬后来编号为M11。

老龙头是条东西走向的山梁，长370米，宽61米，面积22000余平方米，北面与西南各有一条小河流过，是块难得的风水宝地，地下密密麻麻排列着诸多古墓，年代从战国到西汉。传言古时一条神龙飞过盐源，见这里山青水

图8-1 墓上覆大石，是老龙头墓葬的重要特征之一

绿，就一头扎进了山脉中，山上还有两块一人高的立石，便是露出来的龙角了。过去村民在地里种庄稼，稍微使点力，锄头便"哐当"一声碰到大石头，换个地方再挖，还是如此，偶尔也能挖出一些残破的青铜刀、剑出来，这也让原本就有些传奇色彩的老龙头愈发神秘了。

　　邻近的 M4 号墓室四周皆有盗洞，却仍出土了铜鼓、铜釜、编钟、铜鸡形饰等珍贵文物。铜鼓是古时的乐器，部落节庆、祭祀擂铜鼓助兴，雄浑的鼓声把部落的狂欢推到高潮。铜鼓后来逐渐成为权力象征。尤为特别的是，墓室角落里还长眠着一位武士，他右臂披挂铜甲，身边散落铜戈、铜剑等兵器，生前的战马也随他一同安葬。

武士的身份被推测为"人殉"，中国古代的陪葬制度，有"人牲"与"人殉"两种，"人牲"是用活人做牺牲，杀之以祭祀神灵、祖先；"人殉"则是墓主生前的妻妾、武士、侍从等，身份要高得多。由此看来，M4号墓的墓主无疑有着尊贵地位，可能是部落酋长或者军事首领。战国也好，汉代也罢，血腥的"人牲""人殉"已近乎在中原绝迹了，而在西南却依旧顽强地延续着。

由于发掘面积只有142平方米，老龙头迄今只露出了冰山一角。大墓的陪葬品不计其数，小墓中只有一些破碎的陶器，可见此时阶级已出现了分化，部族成员不论贵贱皆在公共墓地安葬，又显示血缘关系依旧是维系部族的纽带。

一个因造桥得名的部族

那么，老龙头墓葬的主人是谁？汉武帝开创了一个疆域空前的大汉王朝，在中国北方与西南广袤的土地上，其时分布着诸多古国与部族，比如丝绸之路上的楼兰、龟兹、乌孙，西南的滇国、昆明、哀牢、邛都、夜郎等。对此，司马迁在《史记·西南夷列传》中记载道：

> 西南夷君长以什数，夜郎最大；其西靡莫之属以什数，滇最大；自滇以北君长以什数，邛都最大；此皆魋结，耕田，有邑聚。其外，西自同师以东，北至楪榆，名为嶲、昆明，皆编发，随畜迁徙，毋常处，毋君长，地方可数千里。自嶲以东北，君长以什数，徙、筰都最大；自筰以东北，君长以什数，冉駹最大……

自20世纪50年代以来，《史记》中的西南夷陆续为现代考古发现所证实，比如云南昆明一带的古滇国，以洱海为中心的昆明人，贵州赫章的夜郎，四川德昌的邛人，盘踞岷江上游的冉駹等，钩沉出一幅汉代西南夷的疆域图。

图8-2 盐源境内还在使用的吊桥，历史上，笮人因有造桥的手艺而得名

今天的盐源县，汉代称为"定笮"，根据地名命名的规律，凡是带有部族名称的地名，大多是该部族聚集之地。而《史记》中笮人的地盘，夹在滇西北的嶲、昆明与川西高原的冉駹之间，恰好也与今天盐源的位置重合。种种迹象表明，老龙头墓群与笮人不无关联。

笮人的得名，许与他们的手艺有关。《元和郡县志》："凡言笮者，夷人于大江水上置藤桥，谓之笮。"盐源境内沟壑众多，河流纵横，生活在这里的笮人很早就掌握了用藤条做桥的技艺，也就是通常说的索桥。也有人认为，笮桥其实是溜索，是原始的渡河工具，这种说法，未免低估了笮人的能力，《华阳国志》记载，成都南河之上也有座笮桥，看来也是笮人杰作，如果笮桥是溜索的话，那些峨冠博带的成都人如何通行呢？

直到今天，大凉山中的彝族，还称索桥为"昨"。与盐源县毗邻的木里县纳西族，也将桥称为"昨"，木桥为"斯昨"，石桥为"鲁昨"，独木桥为"格拉昨"。含混不清的发音，我相信，那是对笮人遥远的追忆。

另外一些记载与笮人的生活有关。《后汉书》说："其人被发左衽，言语多好譬类。"中原地区的服装，领子开口是朝右的，也就是"右衽"，只有边陲部族才是"左衽"的；笮人讲话，喜欢"譬类"，也就是打比方，那副模样，看来是循循善诱的。

笮人用青铜铸就了一部史书

盐源地处青藏高原东南缘，周围重峦叠嶂，盆地内地势平坦、土壤肥沃，雅砻江支流梅雨河从东到西流经盆地，水网纵横，冬无严寒，夏无酷暑，自古便是古人生活的乐土。盆地内小型坝子多而分散，与老龙头一样，地下皆有遗址、墓葬分布，却在无休止的盗掘中被破坏殆尽。

近年来，通过征集与收缴，盐源县文管所收集了大量青铜器，包括乐器、礼器、兵器、工具、马具、饰品等诸多类别。笮人没有文字，笮人的工匠最终用青铜铸就了一部史书，写下了他们的战争、祭祀、外交、贸易，乃至远去的迁徙传说。

史书中的笮人给人留下了多牧人与工匠的印象，而考古资料显示他们并非"省油的灯"。盐源青铜器数目最多的就是兵器，占到六成以上，诸多剑、刀、戈、镦、削、矛、箭镞、斧、盾牌饰、臂甲，琳琅满目。单是剑，就有山字格剑、蛇首无格剑、双圆饼首剑、一字格剑、曲柄剑、双柄剑；箭镞以三角形、三棱形最为常见，此外还有锥形、菱形、鱼形等。装备如此精良，品种如此丰富，可以想象，史前的笮人恐怕是些狠角色。

"国之大事，在祀与戎"，笮人也不例外，他们的巫师常常挂着杖举行

图8-3 盐源县泸沽湖博物馆藏青铜兵器，可见汉代的筰人战争颇为频繁

图8-4 三女背水铜杖首，充满了写实的生活气息

130

仪式。九节鱼纹鸡首杖由九节直径相同、长短不一的圆管组成，管与管之间以木棍连接，管身阴刻小鱼纹，杖首站立着一只昂首翘尾的雄鸡。另一些杖出土时仅存青铜杖首，推测过去曾有木质杖身，三女背水杖首便是这其中的精品。三名少女头戴尖顶小帽，身着齐膝筒裙，背水罐的带子勒在额头上，张着嘴巴，正在纵情歌唱。（图8-4）1986年，三星堆祭祀坑中便发现了一件黄金打造的金杖，金杖的主人被推测为古蜀国的大巫师，可见西南地区用杖传统由来已久。

双马神透露的迁徙之路

筰人的身世也隐藏在这些青铜器中。树形器，一种薄片状的树枝型青铜器，树干两侧有两枚上下相连的圆圈，代表着祭祀天地的礼器"璧"，圆圈上站有一马，马上各骑一人，树端站着一个头戴三叉状羽翎、腰上佩剑的男子，他的双手牵着缰绳，瘦长的身体与树枝似乎生长在了一起。（图8-5）

这种树形器，此前从未在中国发现过，盐源共征集了20余件，纹饰虽有区别，两匹马头相对的图案却成了它们的最大特征——这是"双马神"，古代印欧人最古老的神祇之一，它们是一对孪生青年神使，常在黎明时刻降临人间，给人类带来财富，免除灾难。

北京大学考古文博学院林梅村教授在《古道西风》一书中，勾勒了"双马神"从异域走向中国的脉络。"双马神"最早见于公元前3200—前2200年里海—黑海北岸的颜那亚文化中，随着印欧人的迁徙，逐渐被欧亚草原上的游牧部族接受并传承下来，斯基泰人、塞人与阿尔泰人等游牧部族都创造了大量"双马神"形象。此后，这些游牧部落又将"双马神"带到了中国，内蒙古天山与阴山的岩壁上，曾发现了诸多"双马神"岩画，西北草原上的羌人也接受了这种信仰。

图8-5 双马人纹铜树形器主体为树干，树丫
正中站立一人，两侧有上下相连的圆璧，璧
上顶端各有一骑马人，树形器是盐源青铜文
化中最具特色的器物

图8-6 树形器此前从未在中国发现过，盐源
共发掘、征集了20余件

图8-7 盐源县地处青藏高原东南缘，系横断山脉南延

　　此外，盐源出土的其他青铜器也能看到北方草原文化的影子，带柄铜镜、双圆饼首剑、曲柄剑、弧背刀、菱叶形矛都是北方草原常见物品。草原的游牧民族惯用曲柄剑或短剑，在马背上冲杀时才容易拔出来。老龙头大墓常常用马头、马蹄随葬，这种葬俗在西南少见，在内蒙古、宁夏、甘肃却屡见不鲜，而诸如节约、马衔、马镳、马头饰、马铃等文物，更是游牧部族的物品，这就构成了一个假设：笮人的起源与北方、西北草原文化有关。

　　盐源地处横断山脉中部，横断山脉上接西北、北方草原，南连云贵高原，山脉河流多呈南北走向，自古便是民族迁徙的走廊。从年代来说，西北、北方草原文化器物的年代比盐源早得多，所以这样的联系不可能通过交往获得，

秦汉

唯一途径便是迁徙。人类学研究显示，大约商周时期，随着中原王朝的对外扩张，西北、北方游牧民族的生存空间日益狭小，以羌人为代表的西北族群从甘肃、青海一带通过横断山脉迁徙到西南，直到春秋战国时期才趋于平静。笮人，极有可能是草原游牧部族与西南土著部落融合而成的。

依靠铜矿与食盐，笮人无往不利

战国年间，笮人在盐源盆地站稳了脚跟，强大的军事实力令其跃跃欲试，现代考古学追踪了笮人的行军路线：他们沿着甲米河西进，一度占据了泸沽湖，水草丰茂的泸沽湖是游牧部族的天堂；与盐源毗邻的宁蒗县大兴镇，出土文物与盐源如出一辙，看来笮人的势力曾深入云贵高原。

当战国七雄厉兵秣马，意图逐鹿中原之时，西南夷为了争夺土地、人口、矿产，亦交相攻伐，中国西南一度金戈铁马。笮人西南有昆明人，东有邛人，东北有冉駹，历史上的昆明人一度以武力闻名于世，楚雄万家坝共出土青铜器1002件，兵器就占了647件。夹在这几大部族之间，笮人恐怕也占不到什么便宜，唯有固守领土。

关于笮人的对外交往，史书的记载语焉不详，文物却透露了一些蛛丝马迹，史前的笮人与周边部族似乎有着频繁的交流。老龙头出土的编钟、铜鼓、铜案，都是古滇国重器，蛇首无格剑、云雷纹剑鞘、靴形钺也是滇国武士的装备；昆明人的墓葬常有杖、杖首出土，双环首剑、臂甲、铜镯、柳叶矛也与盐源有亲缘关系；川西高原石棺葬的山字格剑、铜削、铜铃都能在盐源看到，老龙头墓葬以巨石盖顶的做法，也与石棺葬渊源颇深；就连遥远的成都平原，笮人似乎也有交流，三角援戈、巴蜀图语带钩都是巴蜀文化典型器物。

盐源青铜文化呈现出多元化的面貌，我们不止一次在笮人的遗物中，看到滇、昆明、冉駹、邛等部落的影子。首先，这或许与盐源的地理位置不无

图8-8 铜带形饰平面呈圆形，用来装饰皮带

图8-9 铜带形饰

关联，横断山脉自古以来就是民族迁徙的大通道与文化交流的大动脉，而盐源恰恰是这条迁徙路线上的枢纽之地。其次，中国古代几种至关重要的战略资源，如盐、铜、铁、金在盐源都有丰富蕴藏，又以盐最为常见，从盐源的地名就不难看出，这是一个与盐有关的地方。

在盐源到泸沽湖的路上，沿途经过盐塘乡，境内黑盐井有着悠久的产盐历史。黑盐井荒草杂生，种不了庄稼，沟里漫山遍野，堆积着陶片，厚度约70厘米。有的陶杯残片上面的绳纹清晰可见。黑盐井陶片形态单一，与一般日常生活用陶区别明显，可能是古时制盐的陶杯。

《汉书》记载，"定筰，有盐池"，而在此之前，生活在这里的筰人便已熟练掌握盐业开采，并一度行销西南。依靠着丰富的资源，筰人一本万利，坐享其利，食盐被源源不断生产出来，与其他部族交换青铜器、陶器、战马乃至装饰用的玛瑙、绿松石与琉璃，文化的交流也伴随着频繁的交易来到了盐源盆地。

秦汉

图8-10 蛙蛇铜俎，上饰两条阳线蛇纹，蛇头上昂，蛇口衔鱼，俎面四边饰有32只青蛙

图8-11 盐源出土青铜器带有巴蜀、滇、昆明、邛等诸多文化类型的特征，显示出笮人与外界广泛的联系

汉朝郡县取代西南夷地盘

此后的历史是一段筰人不愿意提及的往事：西汉元光五年（前130），汉武帝拜司马相如为中郎将，打通了从蜀地通往安宁河谷的灵关古道，面对突然吹入的中原之风，筰人显得无所适从，对武力充满了迷信的他们，逐渐走向了汉武帝的对立面。

西汉元鼎五年（前112），一位汉朝使者从长安策马来到安宁河谷，带来汉武帝上谕：征发邛人攻打南越，同样的上谕也送到了筰人、且兰国（治今贵州凯里一带）。且兰国君联合邛人、筰人反叛，但叛乱很快以失败告终，邛人、筰人的头领皆成了刀下鬼。汉武帝灭筰，看来是个一石二鸟的计划，既除掉了不从号令的筰人，又坐享食盐之利。盐，既能带来财富，也能招致灾祸。

邛人、筰人灭亡后不久，滇国投降，昆明人被剿灭，一个个汉朝郡县取代了西南夷的地盘，筰人的故土被改为"定筰县"，也就是平定筰人的意思，这个炫耀武力的名字，一喊就是几个世纪。汉朝是中国历史上版图急速扩展的时代，许多偏安一隅的西南部落被纳入民族融合的浪潮之中，筰人自然也难幸免。

有学者认为，国破后的筰人并未离开故土，他们最终被汉化，融入了大汉王朝，而随着大批移民的进入，筰人以血缘关系为纽带的氏族社会最终支离破碎。渐渐地，那些栖息着祖先亡灵的大山包被开垦成农田，种上了庄稼；渐渐地，那些流淌着财富的盐厂被说着汉语、穿着"右衽"的汉人占据了。筰人的灵魂，沉睡在地下，直到2000多年后才被突然唤醒——工匠、牧人、商贾、武士、巫师，他们多变的面孔，如同历史的背影，向世人展示了一出出迷幻的史前舞台剧。

09

虎首带钩

四川省凉山州安宁河流域，矗立着两百余座大石墓，由重达数吨、数十吨的巨石垒成，墓中白骨累累、层层叠叠。种种迹象表明，大石墓的主人，可能是《史记》中的汉代邛人部落，他们的一生，似乎都奉献给了死亡，为逝者营造恢弘的大石墓。

安宁河畔

叩醒大石墓中的邛人

栖身巨石中的邛人部落

2004年7月，盛夏的骄阳炙烤着西昌市黄水乡洼垴村，一辆黄色长臂吊车轰隆隆地驶过安宁河东岸，划破沉闷的夏日。这里是西攀高速公路工地，忙碌的却是四川省考古研究所与西昌文物管理所的考古工作者，由于西攀高速将从地势平坦、古文化遗址分布密集的安宁河东岸通过，六座大石墓即将从地面消失，抢救性发掘迫在眉睫。

吊车停在洼垴一号墓前，一号墓长25米、宽12.6米、高2.9米，由十余块扁平的巨石竖立成长方形石壁，尔后在墓室中堆砌石块、泥土，再在其上覆盖墓顶石，最小的一块也有几吨重。起吊墓顶石时，起重30吨的吊车居然力不从心，连续吊了几次，巨石依旧纹丝不动，反倒是吊车尾部几次离地而起，最后不得不缩短吊臂，这才将巨石吊离。

图9-1 凉山州安宁河流域是大石墓分布最为密集的地区

图9-2 荒野中的麻栗大石墓

图9-3 一个石墓群可能是一个氏族的安息之地

迄今为止，安宁河流域共发现大石墓232座，自北向南分布在安宁河及其支流两岸的台地、山坡上，春秋时期的大石墓长一般不超过3米，战国年间的达到6米上下，西汉、东汉两朝则是大石墓的极盛时代，出现了长20余米的巨型墓葬。在空旷的安宁河谷，这些庞然大物矗立在河边、公路旁、农田里，甚至村民的家门口，显得格格不入，自然也频频引来考古学家的关注。

对大石墓第一次考古发掘是在1975年，时任四川大学历史系教授的林向组建"安宁河流域考古调查队西昌分队"，并在西昌新星村坝河堡子发现一个大石包墓葬群。与岷江上游、横断山脉的石棺葬，东北地区的大石棚墓、大盖石墓，东南太湖地区带有大量封土的石室墓相比，大石包墓葬群规模更为巨大，遂命名为"大石墓"。墓中尸骨横七竖八地堆积在一起，随葬品仅有些简单的陶杯、陶罐、陶壶与一些石质工具，林向认为，墓主的身份可能跟汉代邛人部落不无关联。

有关邛人的最早记载，出现在司马迁的《史记·西南夷列传》中，所举"最大"者有夜郎、滇、邛都，"此皆魋结，耕田，有邑聚"。

自滇以北生活着众多西南少数部族，以邛人最为强大，堪与夜郎、滇人鼎足而立。从地域上看，滇以北、蜀之南的安宁河流域，是大石墓的聚集地带，这正是《史记》中邛人的地盘；从年代上看，大石墓春秋时期出现，东汉年间逐渐消失，这也是邛人的活动时间。数目众多、规模宏大的大石墓，似乎也只有《史记》中记载的强大的邛人才能完成。

"金玉其外，败絮其中"

随着墓顶石一块块被吊离，墓室渐渐暴露。出人意料的是，洼垴一号墓墓室仅有8.4米长、0.65—1.2米宽，墓底密密麻麻铺着卵石，与巨大的墓丘比起来，看起来像条沟渠，这种反差在其他几座大石墓同样存在。

墓中并无棺椁，森森白骨遍布墓底，骨架错乱，全无一具完整，经辨认，这些尸骨分属数十位死者，且男女老少都有，应该是分批放入的。这种葬式，称为二次葬，有族人死后，先安放在一个地方，等到皮肉腐烂后再将尸骨捡入大石墓，大石墓墓门一般以碎石堆砌而成，就是为了便于在不同时期放入骸骨。二次葬在中国南方颇为常见，这种葬式最初为凶死者与早夭者举行，目的是安慰他们的灵魂，使之不危害生者，后来逐渐为许多部族所接受，并演变为独特葬俗。

尸骨周围散落着一些残破的陶罐、陶杯、石质工具，一颗玛瑙珠已是稀罕的宝贝，这就是这群邛人共同的随葬品了。自1975年以来，总共47座大石墓得到发掘。奇怪的是，不管墓丘多宏大，出土文物都近乎寒碜。陶器有双耳陶罐、单耳陶罐、陶带流壶、陶簋；青铜器多是小件饰品，如项上的铜

图9-4 大石墓虽大，墓室却狭长无比，不少墓门业已洞开

图9-5 大石墓底部平铺了一层小卵石

铃，头上的发钗、发笄，手上的铜镯等；晚期大石墓也零星有西汉五铢钱、新莽大泉五十钱、铁刀出土。

发钗、铜镯在大石墓中屡有发现，铜钗出土时大多位于死者头部，想必是主人生前心爱之物，有 Y 形、长方形、椭圆形、马鞍形等样式，出土时齿部已断裂，却仍不失为精巧的饰品。中国西南夜郎、古滇等部落都有佩戴发钗的传统，使用发钗前将头发挽成锥形的髻，称作椎髻或椎结。铜镯由铜丝、铜片简单弯曲而成，是大石墓中最为常见的青铜器。

洼垴大石墓连同之前的考古发掘已可以为邛人画一个肖像：邛人头插发笄、发钗，手戴铜镯，是个典型的西南少数部落；族人死后实行二次葬，墓中尸骨无高低贵贱之分，这也是处于氏族社会时期的古人经常采用的葬式；

图9-6 考古发掘时，大石墓四周的巨石被吊开，露出墓底

图9-7 模拟考古，试图解读大石墓的建造之谜

大石墓中随葬品极少，史前的邛人似乎并不富裕。

洼垴一号墓的巨石，全部为坚硬的玄武纪花岗岩，这种石料只有几千米外的螺髻山才有。要将石块从遥远的螺髻山开采下来，再运送到安宁河谷，在今天即便动用吊车、挖掘机仍是巨大工程，而将近两千年前，大石墓曾经密布安宁河流域，邛人究竟是如何将这些巨大的石块垒成墓葬的呢？

大石墓背后有一连串由高而低的石块，如同蝌蚪尾巴一般，连接着背后的山坡，这些"尾巴"起初令人百思不得其解，最后还是从古埃及金字塔的建造得到启发。为了搬动重十余吨的巨石，古埃及人专门修建了一个斜坡，用降低坡度的方法减轻重力，金字塔越高，斜坡也就越长。大石墓的"尾巴"，类似古埃及人的斜坡，邛人先建造大石墓墓身，尔后修筑"尾巴"，利用"尾

秦汉

巴"将巨石运上墓顶。看来人类的思维，实有共通之处。

北方迁徙者与南方土著

洼垴大石墓发掘结束后，我来到德昌县六所乡永兴村，小六所大石墓群就在永兴村村口，与当地百姓相处甚安。午后的永兴村难得安宁，罗朝友倚在一座大石墓上，悠闲地打着盹儿；两头牛拴在榕树上，嚼着干草，甩着尾巴；大石墓上生长着一株遮天蔽日的大榕树，阳光从茂盛的枝丫间透出来，在松软的土地上洒下碎碎的影子。

罗朝友告诉我，村里老人称大石墓为"月鲁坟"，说是元末明初月鲁帖木儿将军的坟墓，不过这个月鲁为何这么多墓，却谁也答不上来。永兴村几百号人的先祖是清代"湖广填四川"才迁到安宁河流域的汉族，迁来时大石墓已经在这里了。这些迁徙者对大墓颇为虔诚，在墓上栽上了一株株寓意安详的榕树，百年之后，他们的子孙最终在这片陌生的土地上立足，榕树也已经百岁高龄，与大石墓盘根错节在一起。

在大凉山喜德县，当地彝族同胞说，大石墓是"濮苏乌乌"留下的石头房子，跟他们祖先没有关系。彝文典籍记载，彝人最早以放牧为生，"濮苏乌乌"从事农耕，彝族先祖迁入大凉山时，与"濮苏乌乌"有过冲突，并最终占领了他们的地盘，"濮苏乌乌"丢下这些石头房子迁徙到了远方。所谓"濮苏乌乌"，可能是濮人的一支。最早的濮人生活在江汉流域，部落众多，故有"百濮"之称，西周年间，楚人来到这一区域，并日益强大，濮人不得已，举族向西南迁徙，成为滇人、夜郎、邛人等西南夷的主体部族。

更多证据显示，邛人的族属与羌人不无关联。大石墓出土了大量双耳陶罐，而双耳陶罐的出现往往与游牧民族联系在一起，陶罐上的水波纹，在岷江上游石棺葬出土陶罐上也能看到。更为直接的证据是，羌人历来有修建碉

图9-8 德昌县六所乡，当地人在大石墓上种上榕树，以为吉祥

楼的传统，碉楼以碎石堆砌而成，与大石墓墓室修建方法颇有异曲同工之妙。这些联系恰好验证了一条史前民族迁徙走廊的存在——根据体质人类学与民族学的研究成果，古羌人各支系曾从西北高原而下，成为中国西南诸多民族的祖先，形成了中国古代历史上颇为壮观的一次迁徙。

安宁河流域西北接大渡河、青衣江流域，南临云贵高原，无论是人类学上的半月形传播地带，民族学上的藏彝走廊，历史学上的南方丝绸之路，安宁河流域皆是其中的重要环节，自古以来便是民族迁徙与文明交流的重要走廊。对此，林向的观点颇具代表性，他认为，安宁河流域是北方的氐羌文化与南方的濮越文化的交流地带，北方的小米文化与南方的稻米文化在这里走到了一起，邛人或许是北方迁徙者与南方土著部落融合而成的。

邛人的战争与和平

安宁河流域地处川南山区，两侧为山地，中间形成一个宽约40千米的槽形谷地，这便是素有"川南粮仓"美誉的安宁河谷平原，土地肥沃、日照充沛的平原适合农耕，邛海和安宁河则为邛人提供了充足的鱼类资源。大石墓中屡有石刀、石砍砸器、铜刀、铜镰等农具出土，石刀用于收割庄稼，石砍砸器则用于清理荆棘。考古工作者在坝河堡子大石墓中还发现了稻壳痕迹，看来邛人已事农耕。在这里，这群迁徙者最终停下了脚步，他们自由游荡，大声歌唱，因此，《后汉书》中的邛人又给人留下了"俗多游荡，而喜讴歌"的印象。

没用太多时间，邛人就占据了整个安宁河流域，并分化成七个部落，"邛之初有七部，后为七部营军"，七个部落就是七支部队，战争来了，邛人举族皆兵，这种靠亲情、血缘维系的军队组织在战场上往往令敌人闻风丧胆。有意思的是，安宁河流域大石墓，大概可以分为越西、喜德、冕宁、西昌、德昌、米易、普格七大区域，每个区域相对集中，各区域间又保持一定的距离，可能对应着邛人的七个部落。七个部落平时沿河而居，一有战争，就成了七支军队，也就是充满传奇色彩的七部营军。

与其他西南夷一样，邛人亦醉心于拓殖疆土，他们一直试图往大渡河流域渗透，晋人常璩的《华阳国志》记载过一个故事：邛来山原名邛笮山，是邛人与笮人的分界线，邛人屡屡试图翻越此山，故更名为"邛来山"。在这里，他们遇到剽悍的笮人，北上始终未能有更大进展。云南祥云、宾川县发现过一种奇怪的大石墓，规模比安宁河流域小，墓主却似乎比邛人富裕得多，出土了铜山字格剑、铜矛、铜戈等诸多兵器，头骨呈五的倍数、整整齐齐堆放在一起，可能与古人"尚五"习俗有关。这种大石墓与邛人的南下究竟有无关联，尚有待更多的考古学证据。

安宁河谷虽托名"安宁"，其实潜伏着太多的危险与杀机，这里北邻蜀国，南有古滇，东接夜郎，西望笮都，西南则是恐怖的昆明人，他们将邛人团团包围。春秋战国年间是青铜大量投入战争的时代，考古发掘显示，环绕安宁河流域的古滇、笮人、夜郎、昆明人地域，是中国西南出土青铜兵器最为集中的地带，仅1975年云南楚雄万家坝出土的1002件青铜器中就有647件兵器。相比之下，大石墓中却仅有零星的青铜兵器出土，邛人的七部营军再剽悍，也难以抵挡锋利的青铜兵器。大敌当前，邛人的扩张草草收场，无奈只有退守安宁河谷，昆明人、笮人、古滇、夜郎一直觊觎着邛人广袤丰茂的领土，此后的邛人如同一个落魄的地主一般，眼睁睁看着自己的领土落入他族之手。

这样的窘境直到西汉元光五年（前130）才有所改变，不过更大的灾难却悄悄来临。这一年，汉武帝拜蜀人司马相如为中郎将，"通灵关，桥孙水，以通邛都"，打通从蜀地通往安宁河流域的灵关古道。面对突然吹入的中原文明之风，一些邛人开始尝试使用铁农具，汉人的五铢钱也出现在了大石墓中，不过他们似乎对汉王朝始终怀有戒备之心，大规模的铁器时代迟迟没有来临；几乎与此同时，一批批汉朝军队进驻安宁河谷，中央王朝的压制与周围部族的掠夺，如魔咒一般，缠绕着内忧外患的邛人。

西汉元鼎五年（前112），一位汉朝使者从长安策马来到安宁河谷，带来汉武帝上谕：征发邛人攻打南越国，同样的上谕也送到了笮人、且兰国（同为西南夷部落，治今贵州凯里一带）头领手中。且兰国君联合邛人、笮人反叛，但叛乱很快以失败告终，且兰国、邛人、笮人头领皆成了刀下鬼，汉武帝建立越巂郡，一批又一批汉朝百姓迁徙到安宁河流域，与邛人杂居。

头领虽亡，邛人的血性却依旧澎湃。新莽时期，越巂郡郡守枚根任命邛人长贵为军候，更始二年（24），长贵攻杀枚根，自立为邛穀王，后降于东汉。东汉建武十六年（40），威武将军刘尚奉诏讨伐益州夷，途经安宁河谷，长贵怕益州平定后，汉军会将矛头对准自己，密令部下备下毒酒，准备借机

图9-9 锋利的石镞是狩猎及战争使用的利器

图9-10 用绿松石、天河石做饰品至今
仍是西南各民族的传统

图9-11 鎏金铜泡钉，这在当时是极贵重的
奢侈品

图9-12 虎首带钩

图9-13 晶莹剔透的玛瑙珠

图9-14 玉玦在古代主要用作耳饰

毒杀汉军，不意为刘尚识破，长贵伏诛，族人也被流放至成都，叛乱最终给邛人带来灭顶之灾。东汉年间，邛人在安宁河谷留下数百座大石墓后神秘消失，再不见于史籍记载。

或许，邛人并未离开安宁河谷，他们最终被汉化，融入了大汉王朝。随着大批移民的进入，邛人以血缘关系为纽带的氏族社会已经支离破碎，延续了数百年的大石墓传统也在这一时期分崩离析。汉朝是中国历史上版图急速扩张的时代，许多偏安一隅的西南部落被纳入民族融合的浪潮之中，邛人自然也难以幸免。

渐渐地，那些大石墓再没有邛人放入骸骨；渐渐地，再没有子孙记得那些大石包其实栖息着祖先的亡魂。在无止境的王朝更迭与战火过后，这些大石墓被遗忘在中国西南的一角，在冷雨凄风中一尘封就是两千余年，直到1975年才重新为世人所知。那个剽悍、贫穷、对死亡无比尊重的邛人部落的故事，也在安宁河流域被再次传诵。

考古工作者在田间测绘大石墓，这也是考古发掘的重要程序

德昌县阿荣大石墓发掘现场的测绘

为了发掘大石墓，考古工作者专门调来了一台能吊30吨重物的吊车

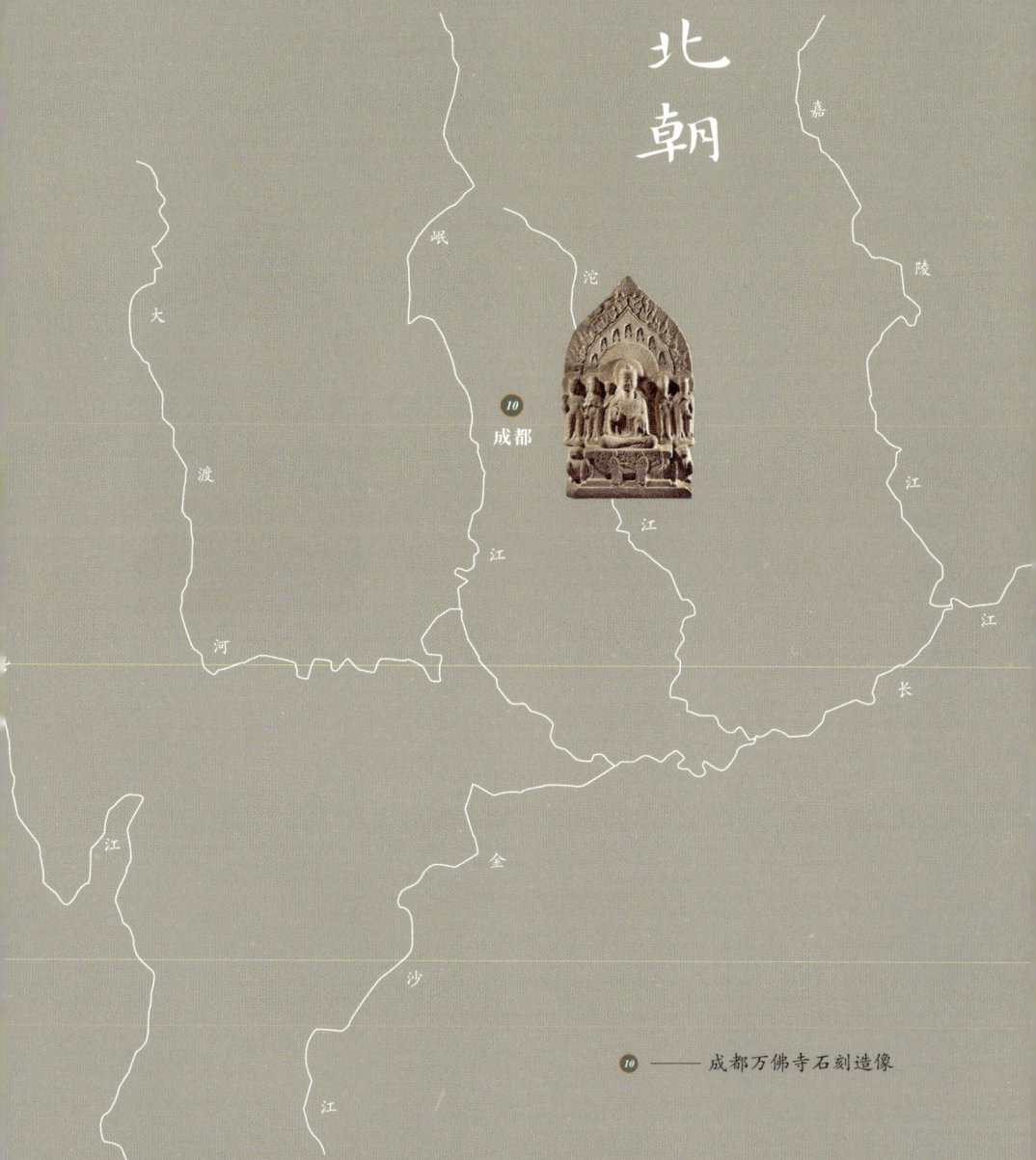

南北朝

岷

沱

大

10 成都

渡

江

河

江

嘉

陵

江

长

江

金

沙

江

10 ——成都万佛寺石刻造像

万佛寺南朝造像

"南朝四百八十寺，多少楼台烟雨中"，唐代诗人杜牧的这首《江南春》，是我们打小便耳熟能详的古诗。南朝的江南寺庙林立、佛像众多，却在无休止的王朝更迭与岁月沧桑中烟消云散，以万佛寺为代表的成都南朝造像，让后人一睹"褒衣博带""秀骨清像"之风，填补了中国南朝石刻的空白，也显现南朝时期的成都是一个梵宫琳宇鳞次栉比、宝刹庄严的古都。

梵音缭绕

从成都步入"南朝四百八十寺"

一座湮没在地下的千年古刹

清光绪壬午年（1882）的一天，成都西门外半里万佛桥，有个农民在地里劳作，突然，"咣当"一声，锄头碰到一个硬物。挖出来一看，原来是个残破的佛头。这天，农民总共挖出了百余尊佛像，这件事很快在成都城中炸开了锅，官吏、文人、洋人、古董商、看热闹的百姓蜂拥而至。

时任四川成绵龙茂兵备道并署四川按察使司按察使的王廉生（著名金石学家王懿荣之父）在《天壤阁笔记》一书中，记录了整件事的原委："乡人掘土，出残石佛像，大者高如屋，小者拳石，皆无首，或有首无身，无一完者。……凡百余，乃捡得有字像三：一元嘉，极大；一开皇；一无纪元。又残碑五七方，不成文……此又似经火而复入土者，须甚护惜。"

有字的三件，元嘉这件，雕的是经变图以及太子诞生、乘象入城等佛

图10-1 以万佛寺为代表的成都南朝
造像，填补了中国南朝造像的空白

图10-2 万佛寺出土造像残件

本行故事，雕凿于刘宋元嘉二年（425），是四川迄今发现的最早有纪年的南朝佛像，后来便不知去向，若干年后才得知已漂洋过海出现在法国一家博物馆展厅中；开皇是隋文帝杨坚年号，这件隋代佛像被王廉生收藏，可惜也下落不明。而当年出土的百余件佛像，丢的丢、散的散，大多杳无音讯。

1937 年，乡民在万佛桥又挖出佛像 12 尊，佛头 26 个，均似真人大小。1945—1946 年间，前四川理学院在万佛桥修校舍，据传挖出佛像甚众，可惜大多被砸毁，又埋入地下当地基了。1882—1946 年，60 余年间，万佛桥时有佛像出土，那些深埋地下、肢体残破的佛像，似乎想向世人讲述一座寺院的兴衰、一个个梵音缭绕的故事，却每每欲言又止。

1953—1954 年，在一次基础建设中，万佛桥又出土了 200 余件佛像，一件经幢上，"大唐大中元年三月七日癸卯，再兴寺大德，镇静军和衙官，试太常寺协律郎杨公□，妻赵氏，男弘度于净众寺建立尊胜幢一所"的题记尤清晰可见。而 1937 年出土的释迦像上，也有"中大通元年太岁乙酉……于安浦寺敬造释迦像"的题记。

中大通是梁武帝萧衍年号，这座湮没在地下的寺院，南朝叫"安浦寺"，唐代称为"净众寺"。根据《四川通志》《益州名画录》的记载，我们最终串联起了它的历史：相传汉延熹年间古寺就已立寺，梁为安浦寺，唐名净众寺。唐末"会昌法难"中，净众寺被毁，时至唐宣宗年间才再次复兴。宋代更名为净因寺，明代又称竹林寺、万佛寺、万福寺，最终在明末清初毁于战火，此后再不复见于史料记载。万佛桥出土佛像，后定名为"万佛寺石刻造像"。

阿育王像迄今只有成都出土

2009 年 5 月，四川博物院正式开馆迎客，万佛寺佛像也在半个多世纪

南北朝

后首次与观众见面，陈列在万佛寺石刻馆中。昏暗的展厅里，释迦牟尼佛的残躯，睁着杏眼、留着小胡子的阿育王头像，头戴宝冠、悬着缯带的观音菩萨，秀骨清像的佛头，小巧精致的背屏式造像在灯光下清晰可见，恍若笼罩了层层佛光。几年来，我时常来到省博，安静地端详一尊尊肢残体破的佛像。通常，我的身边会走过许多人，他们往往有这样的疑问：为什么这些并不完整的佛像会代表着四川乃至中国南朝石刻的最高成就？

万佛寺石刻，有释迦牟尼佛、无量寿佛、阿育王、观音、天王、力士、伎乐、供养人诸多类别，又以7件阿育王造像最为珍贵，其中5件为残躯，2件为头像。阿育王造像一般身着通肩袈裟，左手握住袈裟一角，头顶有硕大的束发状肉髻，八字胡须，眼睛圆睁，带有浓烈的异域之风。（图10-3~5）

所谓阿育王像，其实是古印度孔雀王朝阿育王造释迦牟尼像的简称，早在东晋年间便已在中国出现，南北朝、隋唐时期更是王室、僧侣信奉的神偶，又以长干寺的阿育王像最为著名。传说此像是五位西域僧人从天竺古国获得，后因战乱神秘消失。这尊阿育王像辗转为陈文帝所得，天嘉年间，沿海兵乱，陈文帝向阿育王祈祷国运昌盛，据说阿育王发出道道神光，陈朝军队果然一举荡平了叛军。

西蜀大地的阿育王像也每每见于史料。《释氏蒙求》记载："昙翼学通三藏，为世推称，后游蜀郡，刺史毛璩依重之，忽获得阿育王瑞像一躯，日夕供养，其像每遇饥荒之时，辄见泪落如雨，似哭泣之状。"无独有偶，1995年，成都市考古队在西安路发现一个石刻窖藏，出土的8件佛像全部为南朝造像，其中一件便是阿育王像，建造于太清五年（551）九月三十日（图10-6），背后有则题记："太清五年九月卅日，佛弟子柱僧逸为亡儿李佛施敬造阿育王像供养，愿存亡眷属在所生处值佛闻法，早悟无生，七□因缘及六道合令，普同斯誓，谨□。"

图10-3 阿育王像头顶有着硕大的束发状肉髻，留着八字胡须，眼睛圆睁

图10-4 阿育王像，其实是阿育王造释迦牟尼像简称，一般身着通肩袈裟，左手握着袈裟一角

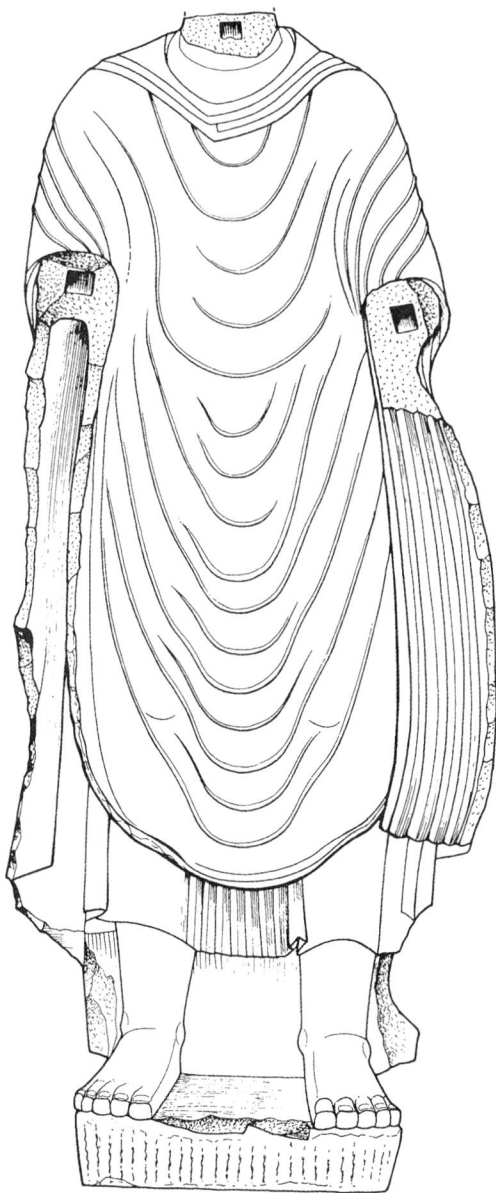

图10-5 阿育王像线描图（引自
《四川出土南朝佛教造像》）

南北朝

图10-6 太清五年九月造阿育王像

一个有趣的现象是，阿育王像虽在史书中频频出现，造像在中国却极为罕见，仅龙门石窟唐子洞、简惠洞，敦煌莫高窟323窟，永靖炳灵寺169窟中偶有发现，考古发掘的阿育王像迄今只在成都出土。自晋代以来，在中国大地上时常出现、每每以奇异光芒提醒世人的阿育王像，常被视为祥瑞之兆；而一千多年后，他们却在西蜀大地频频出现。

成都之外的阿育王造像多见于西北、中原地区，而阿育王身着的通肩袈裟，以及唇上的两撇小胡子，确实也是西北早期佛像流行的做法。这并不意外，就地理位置而言，成都比长江中下游地区更接近佛教东传的必经之地——西域与西北，交通也更便利，更直接。南北朝时期，丝绸之路的一条分支，河南道更是将成都与西北紧密相连。它的起点是益州（成都），经川北通过茂县、松潘至甘南的临潭，青海的同仁、贵德，抵达青海的伏俟城后再与丝绸之路主道汇合。万佛寺造像中呈现出西北风格，可能与河南道渊源颇深。

来自建康的秀骨清像之风

不过，成都地区独特的地理位置，又决定了它与江南地区的联系，尤其是公元413年东晋大将刘裕在称帝前派部将夺取成都后，直到553年西魏袭取成都，一百多年间，成都一直归属南朝。南朝老庄玄学盛行，名士往往以自然秀美为高，欣赏潇洒自由、清奇飘逸之风，这种风气也影响了造像艺术，促成了佛教审美的新风尚。万佛寺的另一些造像，正是这种风气的代表作。

雕凿于梁中大通元年的释迦牟尼佛，也称"鄱阳王世子造像"，就是成都归属南朝的见证。此像高约2米，赤脚站立于方形座上，佛头、双手皆已不存，背后有一通铭文："中大通元年太岁己酉……景光（太）景焕世子侍从鄱阳世子西止于安浦寺敬造释迦像……"中大通是梁武帝萧衍的第四个年号，中大通元年为529年。

释迦牟尼佛像多为大型圆雕，似真人大小，也称为"等身像"，工程浩大，造价自然不菲，普通善男信女恐怕难以承受，一些精巧的小龛无疑是更为实惠的选择。别看佛龛不大，却是麻雀虽小五脏俱全，就拿梁大同三年（537）比丘法爱为亡兄造的佛龛来说，残高44厘米、宽37厘米、厚15.5厘米，在这样一个狭窄的空间中，工匠却雕凿出了观音、四比丘、四菩萨、二明王、二狮及狮奴、二象及象奴，最下面排列着八个伎乐，背屏上还浮雕着飞天与佛传故事，象征着寺庙的殿堂背景，如此一来，小小的佛龛便构成了完整的佛国胜境。

南朝造像一般面容清秀，秀眉轩昂，杏眼修长，嘴唇微翘，一副病弱清瘦的模样，即所谓"秀骨清像"。魏晋南北朝老庄玄学盛行，名士往往以自然秀美为高，欣赏一种潇洒自由、清奇飘逸之风，"秀骨清像"正是对尚玄学、重清谈的六朝士大夫的形象概括。

图10-7 南朝太清二年背屏式小龛，佛龛虽小，佛、弟子、菩萨、天王、伎乐济济一堂
（线描图引自《四川出土南朝佛教造像》）

图10-8 背屏小龛，在这样一个狭窄的空间
中，工匠却雕凿出了佛祖、比丘、菩萨、伎乐

图10-9 万佛寺南朝造像

图10-10 南朝佛头面容清秀，秀眉轩昂，杏眼修长，嘴唇微翘

中国最早的"褒衣博带"式造像

更能体现南朝造像特色的，是万佛寺石刻馆馆藏的另一件珍品——1921年在茂县出土的南齐永明造像碑。1921年，茂县外较场坝中寨村，羌民在地里挖出一块古碑，当地人把这里叫"衙门口"，传说明清年间曾是当地土司衙门。造像碑出土后，羌民抬入较场坝江渎庙中供奉，1929年，四川松理懋茂汶屯殖督办公署又将碑移入汶山公园。

1935年10月，四川军阀李家铨的参谋黄希成在茂县县城看到古碑，打起了歪主意，他指使几个兵丁夜间将古碑盗走，砸成数块，将其中造像较多的四块运至成都,准备运往上海转卖到国外。成都新新新闻报馆披露这一丑闻后,立即在成都引发了一场轩然大波。最后由著名考古学家冯汉骥出面交涉,四川省政府才将古碑截留,归送民众教育馆,后由四川博物院收藏。

　　这是一通四面皆有造像与题记的造像碑,正面龛高120厘米、宽60厘米,龛中有一弥勒坐佛,座下有一壶门,里面"比丘法周""比丘法爱"等题记犹存;背面长方形龛高123厘米、宽53厘米,龛中有一站立的无量寿佛(即阿弥陀佛);右侧雕有比丘、菩萨造像,以及一侧题记:"齐永明元年岁次癸亥七月十五日,西凉曹比丘释玄嵩,为帝主臣王累世师长父母兄弟六亲眷属及一切众生,敬造无量寿、当来弥勒成佛二世尊像……"

图10-11 南齐永明造像碑,现藏于四川博物院　　　　图10-12 南齐永明造像碑(主碑背面)

图10-13 以万佛寺为代表的成都南朝造像，
让后人一睹"褒衣博带""秀骨清像"之风

　　齐永明元年为公元483年，这也是四川现存最早的有确切纪年的造像碑。
尤为重要的是，我国早期佛教受印度犍陀罗风格影响，造像多着袒右袈裟，
敦煌莫高窟、云冈石窟早期造像莫不如此。南北朝年间，受世俗服饰影响，
一种着宽袍、系阔带的"褒衣博带"式袈裟逐渐兴起。永明造像碑的无量寿佛、
弥勒佛，皆身着通肩圆领袈裟，这也是我国最早的"褒衣博带"造像实例。
成都市考古研究所的雷玉华女士认为，褒衣博带袈裟此后在四川大量流行，
并迅速风行全国，这是佛教中国化的结果，这种汉族式的佛装首先出现在
川西地区，说明以成都为中心的四川地区在佛教东传及其汉化的过程中有
着非常重要的地位。

填补中国南朝造像的空白

　　成都南朝造像的意义却远远未竟于此。"千里莺啼绿映红，水村山郭

图10-14 北朝菩萨立像，南北朝时期的成都地处南北两朝之间，造像风格也兼有南北之风

酒旗风。南朝四百八十寺，多少楼台烟雨中。"唐代诗人杜牧的这首《江南春》，是我们打小便耳熟能详的诗句。这首诗描绘了一个莺歌燕舞、桃红柳绿、庙宇楼阁氤氲在朦胧的烟雨之中的江南，也道出了一个佛教空前兴盛、寺庙林立的江南。

南北朝是佛教在中国的第一个高潮，当时中国北方羽檄纷飞、金戈铁马，百姓民不聊生，佛教恰好在那个嗜血的年代走进了中国人的心灵，那些马背上的部族，也试图借佛教巩固统治，并留下了诸多石窟造像与壁画，比如西秦乞伏部鲜卑的永靖炳灵寺石窟，创立北凉王朝的卢水胡捐资的武威天梯山石窟、马蹄寺石窟。时至北魏，僧人昙曜在文成帝支持下兴建云冈石窟，著名的"昙曜五窟"更是象征着道武帝、太武帝、文成帝等北魏历史上功勋卓著的帝王。

南朝佛教之盛一点也不落下风，南朝宋、齐、梁、陈四朝，宋文帝、宋孝武帝、宋明帝，齐高帝、齐武帝，梁武帝、简文帝，陈后主无不大兴寺院、供养佛像。其中又以梁武帝最甚，竟放着皇帝不当，舍身到寺院当杂役，群臣花了一亿万钱才把他赎回来。

在频繁的王朝更迭与岁月流逝中，南北朝最终成为历史。北朝佛教遗迹在中国存世颇多，敦煌莫高窟、云冈石窟、天龙山石窟、克孜尔石窟、炳灵寺石窟、麦积山石窟都留存着为数众多的北朝造像与壁画。相反，南朝石刻除了江苏南京栖霞山、浙江新昌宝相寺有少量龛窟外，在中国已不多见。而万佛寺石刻诸如梁普通四年、梁普通六年、梁大通五年、梁大同三年、梁中大通元年、中大通三年等题记，填补了中国南朝造像的空白，也暗示着南朝时的成都与建康一样，是一个梵宫琳宇鳞次栉比、塔刹庄严的古都。从某种程度而言，成都的南朝石刻同样让我们走近南朝，走近那些羸弱却清谈不已的士大夫，走近那个动荡不安却梵音缭绕的时代。

唐
五
代

嘉

大

岷

陵

渡

沱

江

江

江

河

江

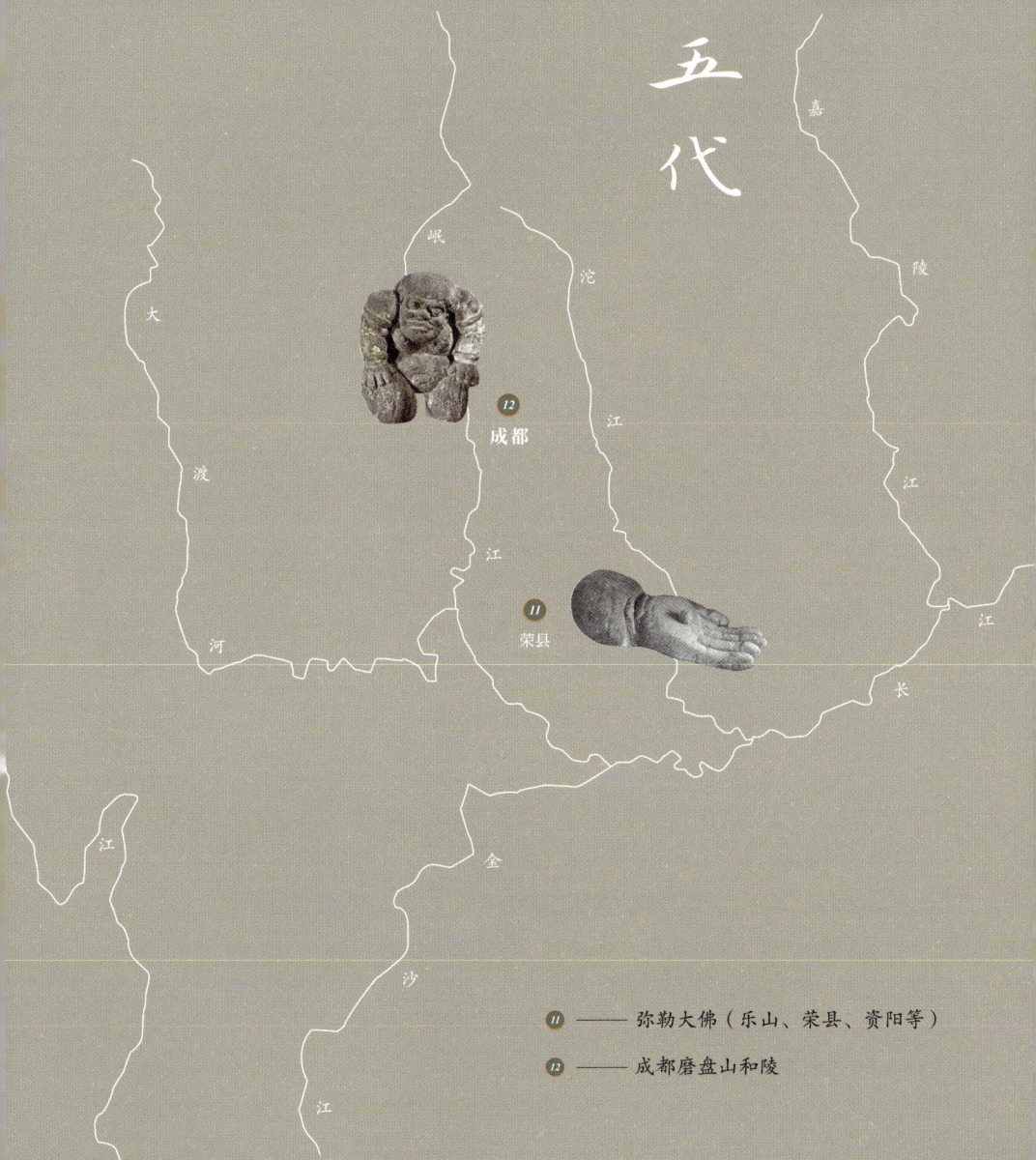

12
成都

长

11
荣县

江

金

江

沙

江

11 —— 弥勒大佛（乐山、荣县、资阳等）

12 —— 成都磨盘山和陵

荣县大佛手掌

宋代诗人陆游在嘉定能仁院看到一尊大佛，当地人告诉他，这是乐山大佛的蓝本。在几次文物普查中，许多巴蜀大佛陆续显山露水，荣县大佛、资阳半月山大佛、潼南大佛、骑龙坳大佛、阆中大佛、黄桷大佛……难道真如陆游所言，当年为了开凿乐山大佛，曾在巴蜀开凿了诸多蓝本？

蓝本之谜

巴蜀多大佛

牛角寨大佛，深山中的半身大佛

"江阁欲开千尺像，云龛先定此规模。斜阳徙倚空三叹，尝试成功自古无。"宋乾道九年（1173），诗人陆游出任嘉州刺史，闲暇之余游历至能仁院，看到一尊高数米的石像，当地人告诉他，唐代为了开凿乐山大佛，曾尝试造一些规模略小的大佛作为蓝本，经过多次试验后方才动工。陆游感叹成功不易，故写下这首《能仁院前有石像丈余，盖作大像时样也》，又在诗序中说，"前有石像，高丈余，盖作大像时式也"。

时过境迁，当年的能仁院早已消失在历史长河中，那尊大佛也是踪迹全无。有意思的是，中华人民共和国成立后的几次文物普查，在四川境内发现了诸多大佛，它们规模都比乐山大佛小，每到一处，老乡总会告诉你，"这是乐山大佛的哥哥""当年乐山大佛就是照这个样子雕出来的"，宋代蜀人对陆游说的话，至今仍飘荡在游人耳边。难道当年为了开凿乐山大佛，真的曾在巴蜀开凿了诸多蓝本？

四川仁寿县的牛角寨大佛，因未完工，也就更具有蓝本的意义。大佛地处双流县（今成都市双流区）与仁寿县交界的牛角寨，高15.85米、宽11米，依山凿建，嘴唇微闭，双目平视东方，头有螺髻，千百年的风吹雨淋在大佛脸上冲刷出一道道深浅不一的痕迹，眉角爬上厚厚的青苔，鼻子、嘴角也由于岩层风化脱落形成"白斑"。

如此体量的大佛却直到1982年才为世人所知。那年夏天，仁寿县文管所工作人员邓仲元到高家乡做文物普查，老乡告诉他，自己有次到牛角寨割猪笼草，扒开枯藤，发现里面居然藏了个大佛头。邓仲元找了几个村民，将岩壁上的枯藤、枝丫清理一空，一尊大佛在那个傍晚重见天日。当时大

图11-1 仁寿牛角寨大佛只雕出了半身，高15.85米，头长6米

174

佛眉角爬满了厚厚的青苔，身躯被荒草与枯藤遮得严严实实，仿佛穿着"草衣"。

大佛前的坡地迷宫般遍布上百个大石包，其中十六块分布着101龛、1519尊唐代造像，题材有千佛、观音、地藏、西方净土变等。可以想象，以大佛为中心，这些石窟组成了完整的朝拜空间。

令人不解的是，乐山大佛是全身坐像，双手抚膝；仁寿大佛只刻出头部与胸部，胸部以下与山岩融为一体，双手合十于胸前，手的比例与全身极不协调，应该是后世补凿而成的。这天，村里的老人相互搀扶着来到牛角寨，给大佛进香，他们告诉邓仲元，过去祖辈说村里有尊大佛，是乐山大佛的哥哥，工匠先造了这尊大佛，尔后才背着行囊去开凿乐山大佛。这似乎正是仁寿大佛只雕出半身的原因——作为蓝本，只需对大佛头部进行精雕细琢，胸部以下便无须作过多要求了。

荣县大佛，中国最大的释迦牟尼佛？

如果说牛角寨大佛只雕了半身，荣县大佛就可谓乐山大佛的翻版了。荣县城郊有座大佛寺，寺里有个山头唤作真如岩，荣县大佛就雕凿在山巅之上。远远望去，大佛被一座四重檐歇山顶仿古建筑遮住佛身，仅露出佛头。荣县大佛高36.67米，头长8.76米，大脚趾直径近1米，一个成年人也无法环抱，规模仅次于乐山大佛，堪称中国第二大佛。

荣县大佛双耳垂肩，右手抚膝，足踏莲台，与乐山大佛如出一辙。虽然有着这般相似，对其身份与年代的争论却始终莫衷一是。民国《荣县志》记载："开元中，僧海通于渎水、沫水、蒙水三江之会，凿山为弥勒大像，高逾三百六十尺，建七层阁。荣特无江耳，所凿乃释迦牟尼佛，非弥勒也！"言下之意，乐山大佛开凿于三江交汇之处，是弥勒佛；荣县无江，就是释

图11-2 荣县大佛高36.67米，头长8.76米，荣县人在街上就能望见硕大的佛头

图11-3 荣县大佛硕大的手掌，几个成年人站上去也绰绰有余

迦牟尼佛了。按照县志的说法，荣县大佛便是中国最大的释迦牟尼佛。

这位编纂县志的老先生显然有点糊涂了，判断佛像的类别，依据不是临江与否，而是佛的手印、坐姿等，荣县大佛善跏趺坐，这是巴蜀弥勒佛最常见的坐姿（敦煌、云冈石窟中许多弥勒为交脚形象，即通常说的交脚弥勒，塑造的是弥勒未成佛前的菩萨形象）。

关于大佛的年代，《荣县志》的记载也是糊里糊涂："元丰十八年僧淳德凿像，元佑七年成。"元丰是宋神宗赵顼年号，只用了八年，《荣县志》所谓"十八年"，可能是"八年"之误。而《古今图书集成》等史料则认为大佛出自唐人之手："大佛山，在县南一里，唐人刻大佛，与山齐。架殿十层，高四十七丈，阔十五丈。"

在第三次全国文物普查时，荣县新发现了几尊唐代大佛，比如二佛寺高 8.5 米的荣县二佛，古佛寺高 4.6 米的弥勒佛，望佳镇高 8.72 米的武官大佛，无一例外全为弥勒佛，可见唐时弥勒信仰在荣县颇为盛行。晚唐五代以来，中国几次农民起义，首领皆托言弥勒佛下凡，弥勒崇拜由此受到北宋朝廷的禁止与打击，没有了弥勒崇拜的土壤，自然不会开凿弥勒大佛了。荣县大佛开凿于唐代的说法，似乎更为可信。

荣县有句俗话，"乐山大佛雄，荣县大佛美"，可眼前的荣县大佛风化斑驳，千疮百孔，已丝毫没有美感了。1943 年，县长黄希濂来大佛寺，看到荣县大佛周身贴着金箔，发起了佛祖的横财，他以整修大佛为名，刮下金箔，尔后用不值钱的金粉涂上去，起初还光洁如新，没多久金粉纷纷脱落，昔日饰彩贴金的巍巍大佛，从此伤痕累累。

半月山大佛，巴蜀耗时最久的大佛

巴蜀诸大佛中，资阳半月山大佛排行老三，高 22.25 米，肩宽 7 米，头长 4.3 米，面相饱满，大耳垂肩，给人宽厚敦实之感，也是一尊善跏趺坐的弥勒佛。大佛旁的岩壁上，尚有明朝大政大夫、浙江等处提刑按察司金事熊永懋撰写的《改古净悟院为大佛寺记碑》：

> 其寺旧名院，曰净悟，未稽创于何时。惟唐真（贞）元九年，不知何许人，凿钜佛于悬岸之上，高可十寻，人或梯升至膝，手足皆虚，肃然而恐凛乎，其不可留也。其下柱础尚存，疑有楼阁，而今废矣。左则观音，普安有像，龙王有堂，其奇石则凿西域景及玄元地藏像于其上。宋绍兴元年，汝南梅修始开钜佛眉目。皇明景泰七年丙子，山之人罗恕、严子恭等，以半月名山……

从题记来看，半月山大佛称得上巴蜀耗时最久的大佛。大佛开凿于唐德宗贞元九年（793），此后工程一度中断，直到南宋绍兴元年（1131），居士梅修等人为大佛开凿眉目，历时三百余年之久的半月山大佛才宣告完工。从熊永懋记载来看，大佛旁边尚开凿着观音、玄元、地藏造像。所谓玄元，即太上老君，唐高宗李治封老君为"太上玄元皇帝"，奉老子为祖，唐朝皇室的家谱得以神化。

大佛脚下有座净悟院，明代改称大佛寺。在岁月变迁与王朝更迭中，大佛寺也是浮浮沉沉，直到 20 世纪 70 年代才彻底消失。1950 年，大佛寺改为公社小学，村民张学聪在这里度过了小学生涯，儿时跟小伙伴上山念书，下课就爬到大佛身上玩耍，那时候个头小，站在大佛脚下只有脚趾头那么高。

张学聪还记得，当时的大佛寺大雄宝殿、玉皇庙、斋堂犹存，大雄宝殿供奉阿弥陀佛，四壁绘有《西游记》与《封神榜》壁画。1971 年，大佛公社新修小学，大雄宝殿被拆毁，壁画从此消失于人间；1973 年，大佛公社又将斋堂木料取下来，运到乡上修政府大院。

图11-4 半月山大佛因坐落于山形似下弦月的半月山得名，大佛面部丰润，双耳垂肩，表情安静恬淡

　　走到大佛脚下，可发现大佛双腿用青砂条石砌成，与红砂石身躯颜色迥异，脚如同古时女人的"三寸金莲"一般，小巧别致，与庞大的身躯不成比例。我的疑问在张学聪口中得到证实——"文革"中，不仅大佛寺被拆毁，大佛也是命运多舛。

　　也就是在1973年，大佛公社的"地、富、反、坏、右"接到通知，命令他们到半月山砸大佛，一行人扛着铁凿、铁锤，花了两天时间，将大佛的腿脚凿了个稀巴烂。有个叫刘以富的家里缺个水缸，就把大佛大拇指凿下来，找个石匠掏空了做水缸。春来秋去，刘以富几年前去世了，佛像大拇指做成的水缸也不知去向。今天看到的大佛腿脚，是十多年前才补上去的。

唐五代

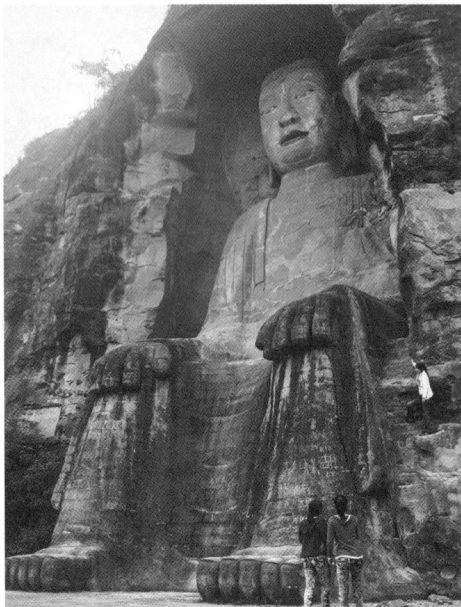

图11-5 半月山大佛，小女孩站在佛身旁，还不足佛的手掌高

　　大佛寺留给当地人的记忆还不止这些，大佛乡月佛街116号是家超市，屋后的果园中有座威武的石狮子；月佛街87号是家缝纫店，门口也有个面目全非的石狮子，瘸腿的女主人平时就在石狮守卫的窗前，在缝纫机上编织着乡邻送来的布料。这些融于市井生活的石狮，让人相信古老的大佛寺并未远去，而那尊有着唐时身躯、宋代面庞与现代腿脚的大佛，依旧在半月山崖壁上，守护着脚下的芸芸众生。

潼南大佛，僧人道士齐接力

　　与半月山大佛一样，潼南大佛也可谓命运坎坷。大佛从头顶开始雕刻，可惜刚刚雕到鼻子，就因资金不济中断。北宋靖康丙午年间（1126），道士王了知看到岩壁上孤零零的佛头，心生感慨，募来工匠继凿，直到南宋绍兴二十一年（1151）才竣工。王知了辞世后，僧人德修又续修五层楼阁，宋代著名大居士冯楫的《南禅寺记》，记下这段往事：

> 邑出郭二里有南山，山有院，旧号"南禅"，本朝治平年中，赐额"定明院"。有岩面江，古来有石镌大像，自顶至鼻，不知何代开凿，俗呼为大佛。又有池，靖康丙午，池内忽生瑞莲。是岁有道者王了知自潼川中江来化邑人，命工展开，像身与顶相称，身高八丈，耳目鼻口，手足花座，悉皆称。

从冯楫的记载来看，绍兴年间，潼南大佛的开凿年代已难以稽考。2013年维修大佛时，文物工作者在佛头附近发现"七月廿一日两人/长庆四年/十壹月下手三人/至十二月廿日"题记，长庆是唐穆宗年号，长庆四年为824年，潼南大佛的始凿时间，当在长庆年间。

完工后的潼南大佛高18.43米，头长4.3米，也是一尊善跏趺坐的弥勒佛。自长庆四年至靖康丙午（1126）两次开工，1151年完工，虽历经三百余年，且是僧人、道士先后主持开凿的，但大佛却浑然一体，棱角分明，比例协调。佛教自传入中国以来，为了争夺信徒与生存空间，一直与本土的道教有着激烈论战，佛、道两教的每一次论战，大量寺院动辄被毁，僧尼还俗，造成剧烈的社会动荡。潼南大佛却是佛、道相互接力、协同开凿而成，在巴蜀大佛中可谓绝无仅有。

巴蜀大佛开凿完工后往往贴有金箔，就连高达71米的乐山大佛，唐代都是"百丈金身开翠壁"，通体贴着金箔的。潼南大佛完工后第二年，时任泸州知府的冯楫慷慨地捐出数十斤黄金给大佛贴金，此后，清嘉庆七年（1802）、清同治九年（1870）和民国十年（1921），潼南人又三次为大佛贴金。

巴蜀诸多大佛，阆中大佛体量不大，高 9.88 米，身着大 U 字领袈裟，足踏莲台，左手抚膝，右手施无畏印，背后浮雕高约 10 厘米的千佛，密布整窟。据《东山大像精舍何居士记》记载，何居士原本住在大像山对面的蟠龙山脚下，一日遥望南岸，隐见神仙在岩壁往来上下，遂移居至此，募来工匠开凿大佛，历时三十余年，直到唐元和四年（809）才完工。据此推断，阆中大佛开凿于唐大历年间（766—779）。

它们是不是乐山大佛的蓝本？

此外，巴蜀境内还有几座弥勒大佛，重庆合川鹫峰山涞滩大佛高 12.5 米，安岳清流乡上大佛高 7.4 米，资阳骑龙坳祈尼山大佛高约 10 米，均为弥勒坐佛。安岳黄桷乡大佛寺有尊高 21 米的黄桷大佛，在大佛寺，我又听到了同样的故事，黄桷乡的李婆婆告诉我，黄桷大佛是清代开凿的，乐山大佛就是照这个样子刻出来的。我问她，乐山大佛是唐代的，黄桷大佛是清代的，怎么前头的还照后头的样子刻呢？她支支吾吾，只一个劲地说，村里祖祖辈辈就这么传的。

乐山大佛开凿于唐开元初年，如果这些弥勒大佛是其蓝本，无疑在此之前就应完工，因为蓝本本来就是试验品。然而事与愿违，乐山大佛却是巴蜀最早开凿的大佛，其他大佛的年代明显晚得多：阆中大佛 809 年完工；半月山大佛 793 年动工，1121 年才完成；潼南大佛更是晚在 1151 年才开凿完毕，此时距离乐山大佛完工已经三百余载了。

况且，倘若果真开凿了众多蓝本，无疑需要一笔庞大的钱粮作为支撑。乐山大佛由僧人海通发起开凿，几年后海通辞世，工程便中断了，之后在唐朝官吏章仇兼琼、韦皋等人的资助下，磕磕绊绊历经九十载才完工，在大佛尚且无法保证的前提下，怎么会有那么多钱粮与人力遍地开凿蓝本呢？

蓝本之说，恐怕是子虚乌有了。仅开凿了半身的仁寿大佛，其真实原因恐怕也不是因为蓝本，而是耗时日久，无力维系了。

既然并非乐山大佛蓝本，为何唐代巴蜀大佛林立，且多为弥勒佛呢？这还得从弥勒崇拜说起。佛经记载，弥勒生于南天竺婆罗门家中，当释迦涅槃56.7亿年之后，它将从兜率天宫下生人间，于华林园龙华树下成佛，广传佛法以普度众生，也就是通常说的未来佛。《佛说弥勒来时经》描绘了弥勒成佛时的盛世：雨泽随时，谷稼滋茂，树上生衣，寒暑自用，老百姓少贪淫、嗔恚，寿命有48000岁，女子500岁方才出嫁，人们没有病痛，鸡鸣狗叫之声此起彼伏……

中国人显然不愿意等到遥远的56.7亿年以后，从南北朝开始，他们就按捺不住对弥勒净土的向往，揭开了弥勒造像的大幕。弥勒在中国主要有三

图11-6 重庆涞滩大佛地处合川区东北向45千米的鹫峰山上，高12.5米

图11-7 安岳黄桷大佛高16米，头高4.2米，结跏趺坐于5米高的莲花座上

图11-8 乐山大佛始凿于唐玄宗开元年间，由僧人海通发起开凿，断断续续历经九十载，直到唐德宗贞元年间才得以完工

图11-9 乐山大佛头长11.96米，肩宽23.35米，左手长7.15米，脚面可容百余人坐于其上

种形象。南北朝时期的弥勒，大多为交脚菩萨形象，其代表作便是敦煌莫高窟275窟交脚弥勒，头部方中带圆，鼻梁高隆，眼球外凸，体态健硕，具有西域少数民族特点，塑造的是弥勒尚未成佛的菩萨形象。大约从北魏开始，中国出现了着佛装、善跏趺坐的弥勒佛，此形象一直持续至晚唐五代。国人熟悉的那个咧嘴长笑、身荷布袋、袒胸露腹、盘腿而坐的胖和尚形象的弥勒佛，其实是五代以后才出现的，学术界普遍认为他的原型是五代高僧契此，契此常常拿着布袋乞食，口诵偈语："弥勒真弥勒，分身千百亿。时时示时人，时人自不识。"

盛唐之后，身着佛装、善跏趺坐的弥勒佛在巴蜀极为盛行，弥勒与二弟子、二菩萨的组合，是此时常见的造像题材。此外，弥勒佛也与现在释迦牟尼佛、过去燃灯佛同列一龛，寓意过去、现在、未来，称为"三世佛"，

图11-10 乐山大佛地处大渡河、岷江、青衣江三江交汇处，可以说是诸多大佛中的"大哥大"

中国的三世佛龛，往往是释迦牟尼佛居中，而巴蜀许多佛龛，弥勒佛却"鸠占鹊巢"，将释迦牟尼佛挤到了一边。

唐代弥勒崇拜的流行，或许与武则天的推波助澜不无关联。高宗、武后当政年间，是弥勒佛在中国的极盛时期，由于弥勒将取代释迦牟尼主宰世界，这就为武则天改朝换代提供了理论依据。史料记载，薛怀义曾伪造一部《大云经疏》，言武则天是弥勒下生，武则天令全国郡县广为传抄。证圣元年（695），武则天自加尊号为"慈氏越古金轮圣神皇帝"，自称弥勒下凡。

在这股风潮影响下，武周延载二年（695）与开元九年（721），敦煌莫高窟先后开凿35.5米与26米的弥勒佛，即著名的"北大像"与"南大像"，佛像明丽秀雅，雍容高贵，将大唐盛世的气度彰显无疑。永靖炳灵寺、武威天梯山也先后营建弥勒大像，其中炳灵寺第 171 窟弥勒佛高 27 米，天梯山第 13 窟倚坐大佛高 23 米，在中国刮起一股兴建弥勒大佛的热潮。

巴蜀最早的弥勒大佛，当属广元千佛崖第 138 窟"北大像"，高约 4 米，磨光肉髻，双颊丰腴，带有初唐之风。就年代而言，北方、中原大佛出现的时间更早，可见大佛之风是从北方、中原吹到巴蜀的，而巴蜀大佛的规模却有过之而无不及——71 米高的乐山大佛、36.67 米高的荣县大佛、22.25 米高的半月山大佛都堪称唐代大佛的佼佼者。如果说唐代是一个大佛林立的时代，巴蜀则将这场大佛之风推向了高潮。

自开元初年海通法师筹建乐山大佛以来，一尊尊大佛在巴山蜀水间岿然而立，或脚踏大江，或栖身农田，或藏身于空寂的山谷，或在破败的古刹中无人问津……虽然陆游关于乐山大佛蓝本的记载只是一个美丽传说，但这些遍布巴蜀的大佛，无疑是中国最集中、延续时间最长的大佛群落。"安史之乱"后，中国经济重心南移，巴蜀已取代中原成为中国佛教造像的中心，各地石窟的开凿如雨后春笋一般，巴蜀大佛的兴起，实是佛教石窟艺术南下的背影。

行走在巴山蜀水间，能碰到了许多与"大佛"有关的地名，比如大佛岩、大佛沟、大佛坝、大佛寨、大佛沱、大佛院等。记得有一年在宜宾大佛坝，我在当地未曾看见大佛，村民说，村里最早是有大佛的，不知哪个朝代消失了。的确，岁月流逝与王朝变迁，往往会让大佛遍体鳞伤，甚至永远消失，巴蜀过去的大佛，远比今天所能见的更多更为恢宏。那些叫"大佛"的地名，让我触摸到巴蜀大佛文化最真实的脉搏，也令我步入一个梵音缭绕、法相庄严的大佛之国。

荣县后龙山大佛

唐代的大佛以弥勒坐像为主，安岳卧佛沟的这尊卧佛是少见的题材

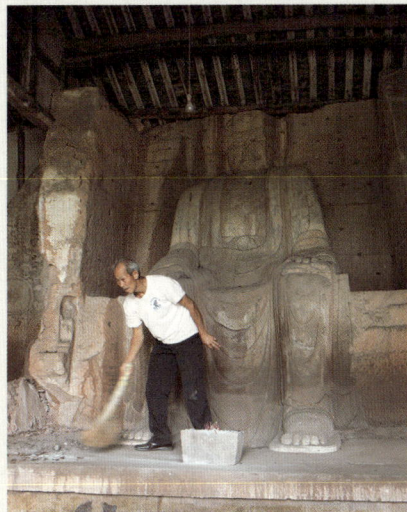

龙泉天落石唐代大佛，又称"丈六弥勒佛"

　　　　　　　　　　　　　　　　　　唐五代

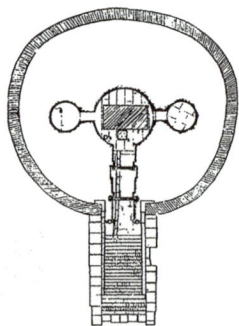

12

和陵平面结构图

成都城中三大帝陵，惠陵、永陵、和陵，又以和陵
最鲜为人知，墓中长眠着后蜀开国皇帝孟知祥与福
庆长公主。孟知祥辞世后，其子孟昶即位，是为后主，
"十四万人齐解甲，可无一个是男儿"，诗中的主角，
正是孟昶。长期以来，史书中的孟昶一直以奢侈、
昏庸、懦弱的形象示人，2010 年秋，后蜀顾命大臣
赵廷隐墓的发现，则揭开了后主的另一张面孔。

和陵风云

孟知祥和他的后蜀

七个月的皇帝

后唐长兴元年（930）冬日，成都，孟知祥在府邸中如坐针毡。据兵士来报，后唐都招讨使石敬瑭与前锋马步都虞候王思同、步军都指挥使赵在礼合兵，已攻克剑门关，剑指成都。这个石敬瑭，即是中国历史上割让燕云十六州的"儿皇帝"。自同光四年（926）出镇西蜀以来，孟知祥先是拒绝将府库中的两百万缗钱送至京师，又诛杀朝廷派来的西川监军，早已与后唐王朝渐行渐远。

孟知祥急派左厢马步军都指挥使赵廷隐领一支兵马赶赴剑州，天气严寒，滴水成冰，士卒皆观望不前，赵廷隐声泪俱下："今北军势盛，汝曹不力战却敌，则妻子为他人有矣。"士卒皆愿效力。两军交战，战至黄昏，后唐军队渐渐不支，赵廷隐率军追击，此前，他悄悄选出五百弓弩手，埋伏于敌军之后，见敌军溃败，此时摇旗呐喊，乱箭齐发。后唐军队斗志全无，加上劳师袭远，粮草难以为继，不久即黯然退军。

在后蜀历史上，长兴元年的这场战役颇值得记述，此役过后，后唐再无力伐蜀。孟知祥，刑州龙冈人，出生时火光满室，有僧人见之，说此乃五台山灵转世。弱冠之年，孟知祥即出任太原卫指挥使，颇得晋王李克用赏识，娶晋王之弟李克让爱女琼华公主为妻，官至中门使。五代时期，中门使位高权重，却难得善终，孟知祥举荐郭崇韬，自己转任马步军都虞候。后唐庄宗即位后，孟知祥任剑南西川节度副大使，出镇西蜀。

当时的蜀地，分为东、西两川，东川大部分郡县尚掌握在东川节度副大使董璋手中。一山难容二虎，长兴三年（932）夏，董璋发兵进攻成都，孟知祥亲率八千大军迎敌，又遣赵廷隐、张公铎从征，双方在汉州（今广汉）对峙，在三战不利的窘境下，赵廷隐等人绝地反击，斩杀数千人，追杀董璋至梓州，董璋帐下指挥使王晖杀董璋与其子光嗣，举城投降。是役，孟知祥一举获得绵、龙、剑、普、果、阆、彭、渠八城，尽得蜀地。

孟知祥上表后唐，请封蜀王，行墨制。墨制起源于晚唐，是天子或权臣以墨笔书写，直接发出的诏令，唐末藩镇割据，自行号令，墨制由此泛滥。前蜀皇帝王建"即用墨制除官，言俟车驾还长安表闻"，言下之意，蜀地自己做主，待日后回长安才上表皇帝。

后唐敕封孟知祥为检校太傅兼中书令，行成都尹，剑南东、西两川节度使，兼西山八国、云南安抚制置使等职，进封蜀王，节度使、刺史以下官员，皆可自行封赏。不过，再高的官职也满足不了他的胃口，后唐清泰元年（934），孟知祥在成都称帝，改元明德，史称后蜀。

位极人臣的孟知祥，一直开疆拓土；当上皇帝的孟知祥，却并未留下太多记载。六月，孟知祥至大慈寺避暑，观唐玄宗、唐僖宗入蜀时绘制的御容，并在华严阁大宴群臣。七夕之日，他又在丹霞楼宴饮，观宫人乞巧。七个月后，孟知祥在成都黯然辞世。七个月中，史料的贫乏，恰恰说明后蜀并无大事，百姓才在乱世中得以休养生息。对此，《十国春秋》一语中的："帝抚民以仁惠，驭卒以恩威，接士大夫以礼。殁之日，蜀人甚哀之。"

坊间流传，孟知祥初入蜀时，见百姓拉车，问车可载几何，拉车人说："尽力不过两袋。"两袋谐音两代，孟知祥深恶之。后果如其言。

福庆长公主

1970 年冬天，成都北门磨盘山，有农民改土时锄头碰到青砖，民间传说这里是古代的砖窑遗址，继续挖下去，才发现是座大墓。1971 年春天，四川省博物馆、成都市文物管理处等单位联合对古墓进行发掘，起初以为是座明墓，进入墓室才发现，这是后蜀孟知祥的和陵，也是成都继刘备惠陵、王建永陵之后发现的又一帝陵。

与其他两座帝陵比起来，和陵鲜为人知。一大片菜地中间，一座孤零零的房子，就是它地上的全部家当了。文管员打开木门，顺着阴森的羡道，走下二十二级阶梯，进入甬道之中，眼前是牌楼式墓门，仿木屋顶，屋脊两端立有鸱吻，张嘴衔脊，石柱雕有青龙、白虎，牌楼两壁隐约可见宫人彩绘，男子戴直脚幞头、身着圆领长袍，眉目清秀；女子头戴花冠，柳眉杏眼，手中持有笏板。（图 12-1~3）

墓室以青砖垒砌，由三座并列的穹庐顶建筑构成，主室高 8.16 米、直径 6.7 米，耳室高 6 米、直径 3.4 米，三室之间有墓门相连。主室正中为须弥座棺台，底座绕以莲瓣，前后各有五名卷发裸体力士；中层四角各雕有身着甲胄的力士，跪地扶台；上层雕双龙戏珠图。穹庐正中以蟠龙封顶，其下四角有小铁环各一，推测棺床过去曾悬有华美的锦帐。（图 12-4~6）

墓室空空荡荡，考古工作者曾在地下发现一些玉册残片，上书"明德

图12-1 为了保护和陵，文物部门新修了一座建筑，大门模仿和陵牌楼而建

图12-2 二十二阶梯之后，进入甬道

图12-3 牌楼式墓门，仿木屋顶，屋脊两端立有鸱吻

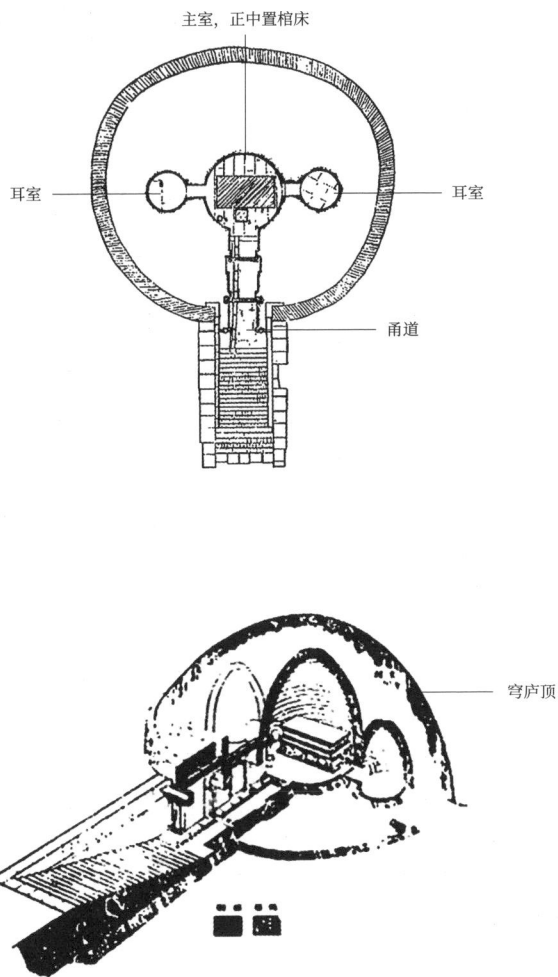

主室，正中置棺床

耳室

耳室

甬道

穹庐顶

图12-4、5 和陵平面结构图及侧剖图（引自锺大全《后蜀孟知祥墓与福庆长公主墓志铭》）

唐五代

元年""大行皇帝""嗣皇帝昶""和陵，礼也"等字迹。《十国春秋》记载，孟知祥死后归葬和陵，传位孟昶，这是墓主身份的明证。

棺台前方有块墓志，高1.08米、宽1.1米，志盖上书《大唐福庆长公主墓志铭》，周围雕刻串枝葵纹。《十国春秋》载："晋王镇太原，谓知祥为才，以其弟可让女妻之。"晋王李克用曾将其弟李克让之女下嫁孟知祥，而墓志载，福庆长公主即后唐太祖武皇帝之长女，光圣神闵孝皇帝庙号庄宗之长姊。"光圣神闵孝皇帝"是后唐开国皇帝李存勖的谥号。李存勖称帝后，追谥其父李克用为武皇帝，庙号太祖。

孟知祥出镇成都后，长公主留在京师，二人聚少离多。长兴二年（931），长公主与儿子仁赞（即孟昶）终于获准前往成都，刚走到凤翔，即被节度使李从曮扣留，在后唐明宗干预下，才辗转来到成都。同年秋天，后唐册封其为福庆长公主，第二年春天，刚与夫君团聚的长公主辞世，归葬星宿山（今磨盘山），和陵落成后，始与孟知祥合葬。弟弟是国君，夫君是蜀王，可以想见，亲情与背叛，折磨着福庆长公主的晚年。

和陵穹庐顶，三座墓室，看起来如同三顶帐篷，迄今四川发现的唐五代时期的墓葬，多为长方形券拱单室或多室墓。为何和陵带有草原文化的痕迹？原来，建立后唐的李氏，本是沙陀部众（沙陀为西突厥别部），史书虽未明确记载孟知祥的血统，却也可能来自北方游牧部族，这或许是和陵采用穹庐顶的原因。

后主与顾命大臣的战争

孟知祥辞世后，其子孟昶即位，时年十六岁，史称后蜀后主。五代乱世，藩镇割据，武将跋扈，后蜀政权是马背上得的，有功勋的武将自然不少。孟知祥对此心知肚明，临终前以赵季良、李仁罕、赵廷隐、王处回、张公铎、

图12-6 和陵主墓室

和陵主室，正中为须弥座棺台

② 穹庐顶，正中以蟠龙封顶

① 棺台上层雕有双龙戏珠图（金磊磊/绘）

④ 底座抬棺力士（金磊磊／绘）

③ 中层甲胄力士

⑥ 上层双龙戏珠图

⑤ 底座抬棺力士（金磊磊／绘）

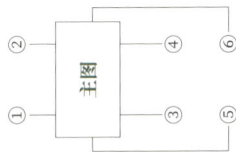

```
     ②          ④
         ┌──────┐
       ①─┤ 主图 ├─③
         │      │
         └──────┘
       ⑤          ⑥
```

侯宏实六人辅政。

李仁罕是后蜀猛将，他觊觎前蜀皇帝王建后宫嫔妃美貌，意图迎娶回府，因惧怕孟知祥责骂方才作罢，此番新皇登基，便再无顾忌，令人上奏枢密院，求判六军，即统领卫圣、匡圣、捧圣控鹤、奉銮肃卫、骁锐、亲卫六军。昭武军节度使李肇回朝途中，在汉州与亲戚连日宴饮，借口足疾，朝堂之上不行跪拜之礼。武将与权臣，是孟昶继承的沉重债务。

孟昶不得已，封李仁罕为中书令，判六军事，私下里却忿忿不平。赵廷隐、张功铎等朝臣素来怨恨李仁罕，趁机上表，言其意图谋反。孟昶埋伏武士于朝堂之上，待李仁罕上朝，当场诛杀，族其家。李肇也被贬为太子少傅，迁往边远的邛州（今西昌）。

明德三年（936），后唐进攻太原，石敬瑭以燕云十六州的厚礼，乞求契丹出兵相助，建立后晋，后唐王朝愈加风雨飘摇。

公元938年，孟昶改元广政。广政元年十月、广政二年六月、广政三年五月，蜀地频频地震，孟昶曾在朝堂发问："顷年地何频震？"群臣对曰："地道静而屡动，此必强臣阴谋之事，愿以顾虑。"果然，一个月后，后蜀就发生了一件谋逆之事。

后蜀宫廷设有教坊部，豢养艺人、伎乐用于表演。教坊部头目孙延应，有天在街上碰到尼姑对他说，"君贵不可言"。孙延应信以为真，私下联系了十多个同党，打算演出时诛杀将领，夺得兵权造反，不料还未举事即东窗事发。孙延应本是赵廷隐家中伶人，瓜田李下，此次叛乱，直指顾命大臣赵廷隐。

第二年春天，赵廷隐、王处回、张公铎被罢免节度使军职，侯宏实晚年建造禅院，广刻佛经，从此与世无争。六位顾命大臣，或诛或隐或贬，至此，后蜀的权力交接才算告一段落。同年，孟昶著官箴，颁于郡县，以为官员为官准则：

朕念赤子，旰食宵衣，托之令长，抚养安绥。政在三异，道在七丝，驱鸡为理，留犊为规。宽猛得所，风俗可移，无令侵削，无使疮痏。下民易虐，上天难欺，赋兴是切，军国是资。朕之爵赏，固不逾时，尔俸尔禄，民膏民脂。为人父母，罔不仁慈，勉尔为戒，体朕深思。

北宋初年，宋太宗取其中四句，"尔俸尔禄，民膏民脂。下民易虐，上天难欺"，颁视天下，宋高宗又令各州县在衙署立"戒石铭"，新官上任之时，率领官吏拜碑。"戒石铭"代代相传，直到清代依旧流行，这或许是短暂的后蜀王朝对中国文化的独特贡献。

孟昶曾对权臣李昊说，"（前蜀）王衍浮薄，而好轻艳之词，朕不为也"，敕令史馆收集《古今韵会》五百卷。唐末以来，蜀中学校废绝，左仆射毋昭裔出钱营造学宫，并奏请孟昶刻印九经，蜀中文学由此复兴。即位之初的孟昶，削弱权臣势力，重振蜀中文脉，倒不失为英明的君主。

是好皇帝，却非好君主

2010 年 11 月，在一次文物勘探中，成都龙泉驿区十陵镇青龙村发现一座大墓，上有数个盗洞，发掘工作随之开展。这是座五代砖室墓，拱券形墓门，其上彩绘卷云、卷草纹饰，270 平方米的豪华墓室，主室长 15 米、宽 18 米，正中为棺台，长约 7 米、宽约 3 米，棺椁早已全无踪迹，内壁绘有宫人、凤鸟壁画，耳室、后室随葬陶俑、陶楼。

墓室穹庐顶，四川已发现的五代墓葬中，仅孟知祥的和陵与之相似，大墓的主人起初被猜测为后主孟昶。主室与甬道台阶处的一通墓志，揭示了墓主身份——顾命大臣赵廷隐。后蜀历史上，赵廷隐是"战神"一般的人物，几次挽救后蜀于水火，《十国春秋》《蜀梼杌》《旧五代史》《新五代史》《资治通鉴》等史书皆有记载，《九国志》其至给赵廷隐与其子赵崇祚单独列传。

前半生金戈铁马，后半生如履薄冰，孙延应叛乱后，赵廷隐更是战战兢兢，广政十一年（948）秋天，灾难还是降临到了赵氏头上。孟昶心腹安思谦密告赵廷隐谋反，派兵包围赵府，剑拔弩张之际，适逢山南西道节度使李廷珪入朝，极力为赵廷隐开脱，这才赦免其死罪。此事之后，赵廷隐心灰意冷，称疾辞官。八月，孟昶封为太傅，赐爵宋王，"国有大事，就第问之"。

同是顾命大臣的王处回卖官鬻爵，郡县献给朝廷的贡品，先进王府，再到朝廷，孟昶罢黜为武德节度使。"自是故将旧臣殆尽，帝始亲政事于朝堂"，称帝十三载的孟昶，最终赢得了与权臣、武将的权力战争。

此时成都承平日久，十余年不知兵革，堪称五代乱世难得的乐土。朝廷府库充盈，官府仓廪充足，街巷管弦丝竹不绝于耳，酒楼宾客昼夜不绝。贵门公子乘坐游船，泛舟百花潭上；王公贵族家产富足，园林遍植奇花异果。

广政十二年（949）八月，孟昶乘龙舟游浣花溪。两岸亭台轩榭，连绵不绝；沿途名花异卉，飘香十里。兵部尚书王廷珪赋诗曰："十字水中分岛屿，数重花外见楼台。"因宠妃花蕊夫人喜爱芙蓉，孟昶命人在成都城头种植芙蓉，秋日盛开，蔚若锦绣，成都又由此赢得了"芙蓉城""蓉城"的别名。

在此温柔乡中，孟昶全无即位之初的励精图治，不理朝政，沉溺于酒色之中。孟昶好美色，广政六年曾下诏在民间采选十三岁以上、二十岁以下的女子补充后宫，百姓闻讯连夜嫁女，称为"惊婚"。孟昶在后宫设昭仪、昭容、昭华、保芳、保香、保衣、安宸、安蹕、安情、修容、修媛、修娟等十四品，用以安排诸多佳丽。后宫佳丽中，孟昶尤宠爱花蕊夫人，他有一首《玉楼春》艳词存世，即为花蕊夫人而作：

冰肌玉骨清无汗，水殿风来暗香满。绣帘一点月窥人，欹枕钗横云鬓乱。起来琼户启无声，时见疏星渡河汉。屈指西风几时来，只恐流年暗中换。

后蜀王朝的晚期，灾异不断。广政十五年春夏之交，孟昶大宴群臣，突然天昏地暗，狂风暴雨，大水冲毁延秋门，溺死五千余人，连太庙也被冲毁；广政十九年，空中降下血水；广政二十四年，汉州什邡县枯井中有火龙腾空而去，烧毁民宅数百家；广政二十五年二月，壁州白石县忽见巨蛇，长百余丈，直径八九尺……暴雨、洪水、地震、血水、火龙、巨蛇，天降灾异，似乎兆示着后蜀王朝的命运。

公元960年，赵匡胤建立北宋，广政二十七年（964年，宋乾德二年）忠武节度使王全斌率军六万进攻蜀地，仅仅六十六天，即得四十五州，一百九十八县。广政二十八年正月，孟昶闻宋军逼近，问百官如何应对，群臣建议坚守，孟昶叹曰："吾父子以温衣美食养士四十年，一旦临敌，不能为吾东向发一矢，虽欲坚壁，谁与吾守者邪！"不久即开城投降，与王室、后宫由峡江而下，前往汴京。后蜀亡国，凡四十一年。

到汴京仅仅七天之后，孟昶离奇死亡，享年四十七岁，与父亲孟知祥，被宋人薛居正编入《旧五代史·僭伪列传》，懦弱、好色、奢华渐渐成为他的代名词。

孟昶前往汴京途中，万余百姓沿途送行，痛哭昏厥者数百人，对此，编纂《十国春秋》的吴任臣也不由得感叹："藉非慈惠素著，亦何以深入人心如此哉？迹其生平行事，劝农恤刑，肇兴文教，孜孜求治，与民休息，要未必如王衍荒淫之甚也。"

在百姓眼中，后蜀孟昶是个好皇帝；而在史学家眼中，他却从来不是好君主。

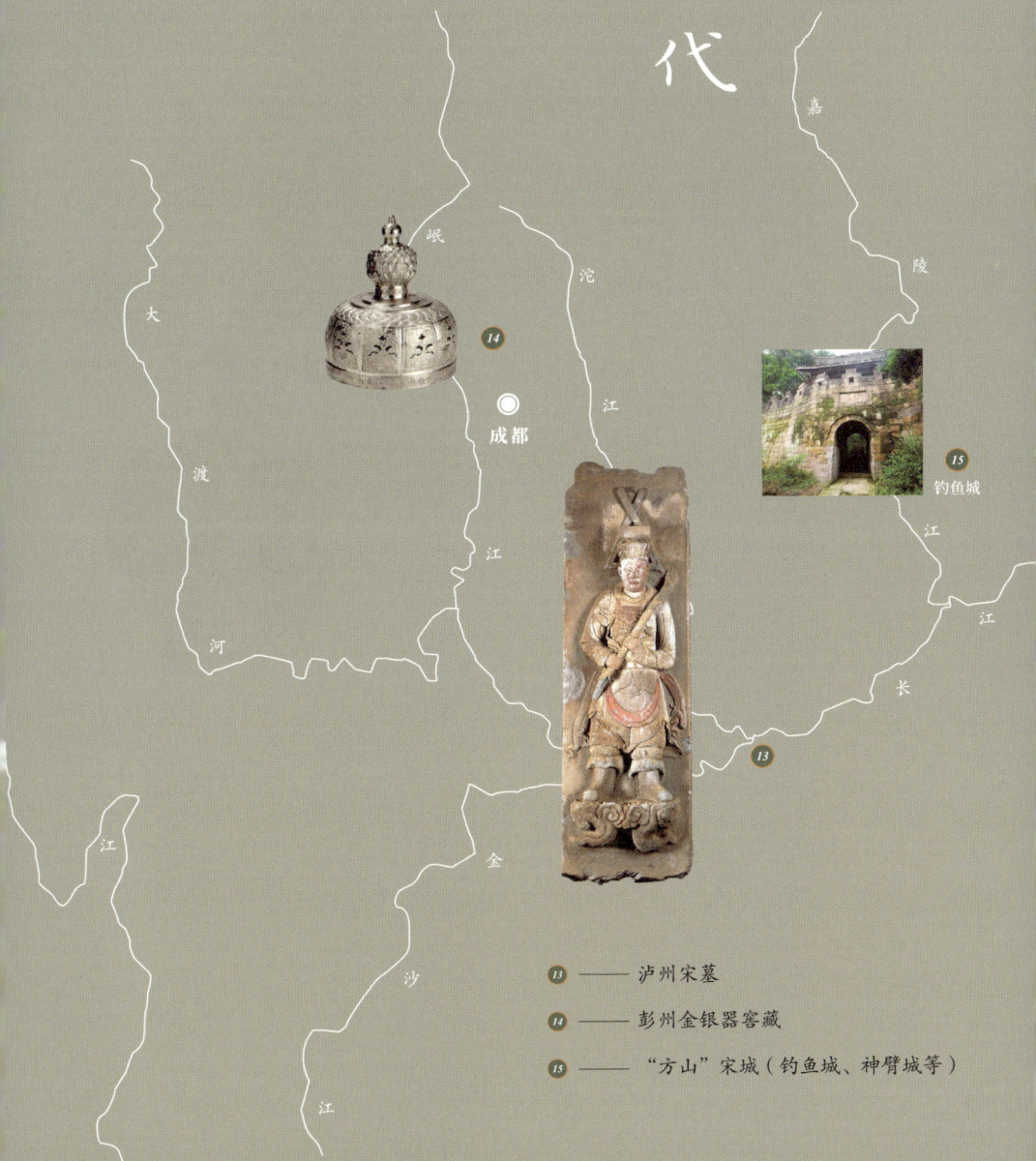

宋代

大 渡 河

岷 江

沱 江

嘉 陵

⊙ 成都

14

15 钓鱼城

江

长 江

13

金 沙 江

江

13 —— 泸州宋墓

14 —— 彭州金银器窖藏

15 —— "方山"宋城（钓鱼城、神臂城等）

13

宋墓石刻侍者

四川省泸州市，是四川乃至中国现存宋墓最集中的
区域之一，又以泸县、合江两县数目最巨。泸县宋
墓出土的武士像，与《水浒传》中的梁山好汉的装
束颇为相似；合江宋墓中雕刻的焚香、饮酒、煮茶、
花卉等场景，则是宋人精致生活的特写。瓦肆勾栏，
夜夜笙歌，宛若一部石头上的《东京梦华录》。

泸州宋墓

雕刻在石头上的南宋

泸县宋墓　从《水浒传》到《武林旧事》

四川省泸州市泸县，全县 19 个乡镇无一没有宋墓分布，已发现宋墓群 160 余处，单暴露在外的就有 500 余座。宋墓中出土了大量武士、青龙、白虎、乐舞、仕女石刻，透过它们，我们看到了《金瓶梅》中西门庆坐的椅子、《水浒传》中梁山好汉的盔甲，以及《韩熙载夜宴图》中王屋山曼妙的"六幺舞"。

蒙古女武士石刻

2001 年，盛夏的泸县似乎浸泡在了雨水中，连绵不断的暴雨涤荡着这个宁静的小城。暴雨过后，泸县牛滩镇滩上村一个小山包滑坡，露出古墓一角，身披铠甲的武士像隐约可见。

几天后，泸县文管所接到消息，时任所长的卢大贵赶赴牛滩镇，其时，

图13-1 刚刚挖开的一座宋墓，古墓远没有想象的重重机关，布局如同宋代宅院

盗墓贼已挖开墓室，试图盗走石刻。从盗墓贼挖的盗洞，卢大贵钻进墓室，一座精美绝伦的石雕殿堂出现在眼前：两侧门柱各雕有两个真人大小的女武士，柳眉杏眼，身着戎装，手持宝剑，铠甲尚残存青、红、白颜料；再往后，青龙、白虎张牙舞爪，植物银白色的根须爬上了它们的躯干，在这个夏天肆意疯长；龛壁雕有一把扶手椅，两名头梳双髻、脸庞圆润的侍女站在两旁，等待墓主归来。

工人挖开厚厚的封土，露出"山"字形门楣与厚重的封门石，这是个合葬墓，同坟异穴，三个墓室共用一个封土堆。墓室布局大同小异，都有武士、青龙、白虎、仕女造像，只是左右两边守护墓门的是女武士，正中这座为男武士——这是一夫二妻墓。

随后的几天，几个石匠用铁锤、铁凿，一凿一凿将武士、青龙、白虎、仕女连同石板凿下来，运回文管所。四件女武士，三个是蒙古人装扮，只有一个是汉人装扮。三个女武士头戴蒙古钹笠，铠甲上罩质孙服，这是一种紧身短袍，方便上马，明朝统一后，就曾强迫元人俘虏脱下质孙服，换上汉人宽松的长袍；而她们脚上穿的鹅顶靴，更是不折不扣的蒙古武士装束。（图13-2、3）

在中国，巾帼英雄常用来指那些驰骋沙场的女中豪杰，历史上巾帼英雄虽多，但女武士石刻仅在彭山南宋虞公著夫妇墓、广元河西公社宋墓有过出土，她们的形象，都是地道的汉人。谁也没有想到，中国仅存的三件蒙古女武士石刻会在泸县被发现，而不是北方或是中原。

发现《水浒传》中的梁山好汉

每到夏天，隐藏在山包中的宋墓就被雨水冲刷出来，宋人的故事也在一次次考古发掘中为世人所知。罗盘山地处奇峰镇红光村，是个马蹄形山包，山上是人家，山下是稻田，山腰层层叠叠分布着各个时代的墓葬：最底下是宋墓，规模最大，门楣大多有雕花图案；上面的明墓稍小；再往上，现代人的坟包又叠压上去。从古至今，罗盘山都是块风水宝地。

罗盘山山腰分布四座宋墓，一、二号墓是夫妻合葬墓，相距仅0.2米，同穴异室，共用墓圹。墓葬早年被盗。一号墓出土了两个白瓷碗，二号墓空空荡荡，横梁上有则简短的墓志：

> 宋故陈公讳鼎，字国镇，享年六十一，官至承奉郎，时淳熙丙午十二月十三日，既大祥惟吉葬之，铭曰：隐其德兮微而彰，修其身兮抑而扬，亦既有子班簪裳，呜呼丞奉其不亡。

墓主陈鼎，生前曾任承奉郎，《宋史·职官志》记载，承奉郎为从八品，位列文官第二十四阶，官微俸薄。宋淳熙丙午年（1186）冬天，六十一岁的陈鼎在家中溘然长逝，并于同年十二月归葬罗盘山。

图13-2 女武士头戴蒙古钹笠，铠甲
上罩质孙服

图13-3 泸县博物馆馆藏武士造像

幼时看《水浒传》，不少章节犹历历在目。第十三回"急先锋东郭争功，青面兽北京斗武"，索超与杨志在京师比武，索超"头戴一顶熟钢狮子盔，脑后斗大来一颗红缨，身披一副铁叶攒成铠甲，腰系一条镀金兽面束带，前后两面青铜护心镜；上笼着一领绯红团花袍，上面垂两条绿绒缕领带；手里横着一柄金蘸斧"。陈鼎墓右侧武士，戴的是虎头形头盔，身披铠甲，腰上束带，胸口罩圆形护心镜，外罩长袍，手上握的恰好也是大斧，与索超装扮颇为相似。

第六十三回"宋江兵打北京城，关胜议取梁山泊"，小说这样描写霹雳火秦明的装扮："连环锁甲兽吞肩""凤翅明盔耀日"。所谓"兽吞肩"，指的是肩甲为兽形，"凤翅明盔"则是两侧带有凤翅形护耳的头盔，陈鼎墓左侧武士的头盔、铠甲，也是这个造型。第五十五回"高太尉大兴三路兵　呼延灼摆布连环马"，病尉迟孙立大战双鞭呼延灼，孙立"交角铁幞头，大红罗抹额"，牛滩镇宋墓出土的两件男武士，戴的就是这种交角幞头。

迄今为止，泸县出土、征集石刻武士已有百余块，矮的不到 1 米，高的逾 2 米，武士大多为男性，位于墓门左右两侧门柱上，镇守墓室。根据造型，可分为戴兜鍪、戴冠、戴幞头三种类型，又以戴兜鍪最为常见，这也是宋朝典型的武士形象。值得一提的是，《水浒传》虽是北宋故事，北宋、南宋的武将装备其实并无太大区别，也就是说，这些栩栩如生的武士，从某种程度而言就是梁山好汉的再现，如同一部雕刻在石头上的《水浒传》。（图13-4）

武士的兵器以斧、剑、弓箭、骨朵为主。宋代兵书《武经总要》记载，骨朵本名胍肫，分蒺藜骨朵和蒜头骨朵两种，因与带刺的蒺藜和多瓣蒜头相似，因而得名。《宋史》载，"崇政殿祇应亲从四指挥共二百五十二人，执擎骨朵，充禁卫"。辽金时期的骨朵是宫中禁军常用兵器，金朝皇室出行，

图13-4 戴兜鍪的武士像，泸州博物馆藏

宋代

近侍持骨朵仪仗护卫。

另一件石刻上，武士肩上背着龙头形器物，内有弓箭数支，箭镞朝上，而通常弓箭手的箭镞都是朝下的，这样随时抽出来就能射击。科技史显示，南宋已经出现一种叫"赣筒"的火器，即"突火枪"前身，靠火药燃烧产生动力，将筒内多支箭射出来，比弓箭更具杀伤力，准确性也更高。但由于缺乏图片与实物资料，火器的模样一直成谜，武士背的龙头形器物，或许就是史书中的"赣筒"。如果这个推测不假，这位武士，堪称中国最早的"火箭兵"。

误入宋人宅第

青龙镇宋墓群，则展示着宋人的建筑之美。青龙镇金宝村一个叫"菩桥"的小山包，葱郁的竹林中隐藏几座石室墓，一、二号墓为合葬墓，三号墓墓主是位女子，几十年前，一个农民挨着封土堆修了两间平房，三号墓墓主夫君的墓室，至今还隐藏在农家小院中。

穿过狭窄的墓门，走进青龙镇一号宋墓，恍若误入宋人宅第。墓室为石砌仿木结构，雕出廊柱、斗拱、阑额、雀替等仿木构件，并在墓顶营造藻井。左右侧龛各雕有两扇微微开启的门，左边的女子头梳双髻，笑意盈盈，身着窄袖背子，手持托盘；右边的妇人似乎上了年纪，身体略有点发福，手捧圆盒。后龛也是类似雕刻，如此一来，阴森的墓室便如同墓主生前居住的宅第一般亲切。

这种半掩门雕刻，被形象地称为"妇人启门"，早在汉代画像棺上就已出现，辽、金、宋时期更是墓葬中经久不衰的题材。不同的是，在中原与北方，"妇人启门"往往出现在正对墓道的龛壁上，暗示假门之后，尚有庭院或房屋，借此说明主人家业兴旺，殷实富有。青龙镇一号墓三壁皆为"妇人启门"，既起到装饰效果，又暗示墓室左、右、后壁背后都有无尽的空间，大有"庭院深深深几许"的意蕴。

随着发掘的深入，墓室修建方法也渐渐水落石出。墓主生前便挑选一块风水宝地，这往往是家族墓地；工匠在岩石中开凿墓穴，在墓地四周铺设规则的石板，尔后安置梁柱，在其上架设过梁、横梁，将墓室分隔成门柱、侧龛、后龛、藻井等空间，接着加盖人字形屋顶，雕刻斗拱。中国的宋代建筑如今早已是凤毛麟角，宋墓以精确的比例与构造再现了宋朝建筑的样式，留下了逼真的标本。

那么，营造这样一座石室墓，工程量究竟如何？1980年6月，四川荣昌县（今重庆荣昌区）发现过一座宋墓，规模与泸县宋墓相当。墓志记载，淳熙十二年（1185）三月到十月，八个工匠整整修了八个月才完工，泸县宋墓大多成双成对，工程量或许更为漫长。

中国两宋时期的墓葬以砖室墓最为常见，1951年，考古学先驱宿白在河南禹州市发掘的白沙宋墓就是其典型代表，墓室四壁、甬道有彩色砖雕壁画，展示墓主生前生活。而在四川，石室墓却大量流行，迄今在四川广元、荣昌、资中、彭山、井研、华蓥及重庆等地已屡有发现，几乎遍布四川盆地。石室墓大多成双成对，几乎全是夫妻合葬墓。

在泸县，宋墓往往散落在荒野、农田中，方洞镇新联村村民刘地贵的包产地里有几座宋墓，其中一座墓口业已暴露，扒开泥土，石碑上一张泥泞的脸露出来，这是位面容清秀的宋代女子，她头挽高髻，柳眉杏眼，背后隐约能看到一扇门——"妇人启门"。

刘地贵在地里劳作，锄头经常"蹦"的一声碰在大石头上，不用说，地下就是宋墓了。自打儿时起，他就和玩伴趴在墓门口，想看看里面有没有什么宝物；20岁那年，他在这里迎娶了他的新娘，他也取代年迈的父亲，成为这块包产地的主人；如今，他的两个女儿早已嫁人，小孙子又在宋墓旁迈开稚嫩的脚步。千百年来，新联村的村民就这样演绎着生命与死亡的

　　　　　　　　　　　　　　　　　　宋代

轮回。

待到地里插上了秧苗，那个美丽的宋代少女，又淹没在水田里。像新联村这样的宋墓群，泸县不知道还有多少。在第三次全国文物普查中，泸县发现宋墓群160多处，仅暴露在外的就有500余座，地下的宋墓，数目更为恢宏。迄今为止，宋代石室墓在四川其他地方只是零星出土，而在泸县却集中得惊人，有人开玩笑说，整个泸县，就建在一座规模巨大的宋墓博物馆上。

在泸县这样一个面积2000多平方千米的小县城，为何会有如此多的宋墓分布？这或许与其地理位置有关。宋代的泸县称泸川县，扼守长江、沱江咽喉，是长江上游的重要港口。四川的米要运到云南，云南的铜要运到中原，都得经过这里。那时的泸县，铜船、盐船停靠在码头，商船云集，百舸争流；酿酒业极为兴盛，酒税已占本地商业税收的三分之二。商贾、官绅往来云集，大量石室墓应运而生。

从已发现的墓志来看，泸县宋墓墓主以低级官吏、乡绅商贾为主。喻寺镇一号墓的主人，便是位乐善好施的乡绅。一号墓棺台与后壁间有墓志一通，墓主古骥的生平，在一行行楷书中清晰可见。

古氏家族来自陕西扶风一带的古豳国，后迁徙到西蜀怀安军。父亲古亶于政和八年（1118）得中进士，出任岳池县令，却不幸早逝。古骥由祖父承事公抚养成人，承事公去世后，古骥服丧三年，因母亲白氏是泸川县人，遂与白氏一同返回舅家，舅以女妻之。古骥从此在泸川定居，事母至孝，友爱乡邻，族人有所乞请，也是尽力满足。绍兴三十二年（1162），母亲白氏驾鹤仙去，葬于井三里，乾道八年（1172）八月二日，四十八岁的古骥英年早逝，结束了自己孤独的一生，安葬在白氏墓侧。

泸县牛滩镇施大坡二号墓墓主张悦，也在墓室留下一通《张氏族谱》，他的儿子张西孙因在军中收纳溃兵，筹措粮饷，被授予将仕郎一职。南宋

图13-5 泸县地间的一处宋墓。宋墓的墓室一般只有几平方米。萧易在考察墓中石刻

于迪功郎下增置通仕、登仕、将仕三郎，是宋朝最低的文官等阶：

> 张悦字吉仙，始祖资中人，系出清河灵应帝君之后，自资迁泸，
> 今五世矣。……奕岁多事，劫火灿然，鞑马纵横，金戈骚动，物价翔踊，
> 钱重楮轻，赤金两可直（值）白（百）余缗，白金两拾缗有奇。蜀地
> 生灵翘首太平之望甚切矣……

张悦的墓葬，营建于宋理宗嘉熙三年（1239）。三年前，蒙古大军已
踏入西蜀大地，商贾、官绅们的安逸生活被铁骑踏得粉碎，他们四处流亡，
背井离乡，泸县宋墓也慢慢走向衰落。在战火纷飞的年代，泸县有时被蒙
古人占领，有时又被光复，一些宋人尚能坚贞不屈、誓死抵抗，另一些则
走上投诚之路，并娶了蒙古女子为妻，这或许就是牛滩镇滩上村出土那几

221   宋代

件蒙古女武士的原因——丈夫是宋人，因此护卫他的是宋朝男武士（图13-6）；妻子是蒙古人，侍从就是蒙古女武士。

恍如在汴京城中穿行

近年来，泸县文管所从民间征集了诸多石刻，文管所库房中，一排排武士、侍女倚在墙壁上，青龙、白虎铺满地面，连下脚的地方都没有。漫步其中，恍若穿行在北宋汴京城中。

四名宋代女子头戴软脚花冠，披彩云形罩肩，长裙及地，跷尖鞋，手持莲花。《宋史》记载，宋朝宫廷有"小儿队""女弟子队"，每队分为十个独立队舞，采莲队舞即为"女弟子队"之一。南宋丞相史浩作有《采莲舞》，从他的记述来看，采莲舞一般由五人组成，一人扮"花心"，此外还有负责对白的"竹竿子"与伴奏的"后行"。（图13-7）

宋朝采莲舞流行，宋人周密《武林旧事》中有《唐辅采莲》《双哮采莲》《病和采莲》等名目，可见当时采莲舞已有诸多种类。在宋朝，不仅宫廷、富贾家里备有采莲舞队，曼妙的舞姿也时常在青楼中上演。宋人郑仅有《调笑转踏》组曲传世，其中一首写的便是采莲舞：

> 双桨，小舟荡。唤取莫愁迎叠浪，五陵豪客青楼上，不道风高江宽。千金难买倾城样，那听绕梁清唱。

采莲队对面的两个乐官头戴软脚幞头，身着圆领袍衫，束腰束带，手臂微微张开，背着手，搓起袖子。《韩熙载夜宴图》中，韩熙载家伎王屋山跳的，便是唐代最流行的软舞——六幺，又名绿腰、录要，其特点是"以手袖为容，踏足为节"。两个乐官的姿势、神态，确凿地表明他们跳的就是失传已久的六幺舞——原来男子也能跳六幺舞。（图13-8）

采莲队舞与六幺舞石刻皆出土于泸县石桥镇新屋嘴村宋墓，墓室横梁

图13-6 牛滩镇宋墓出土男武士像，头戴交脚幞头、身罩铠甲，手持骨朵，脚踏祥云

图13-7 采莲队舞，宋代诗人曾写过《调笑令》八首，其八便是采莲队舞

图13-8 六幺舞者，《韩熙载夜宴图》王屋山曼妙的舞姿，即是此舞

图13-9 瓦肆勾栏石刻线描图（引自《泸县宋墓》）

还雕有一个弯曲的栏杆，六名女子或吹笙，或托鼓，或奏笛，或舞蹈——这是瓦肆勾栏。（图13-9）北宋汴京城里勾栏众多，又以东角楼街巷最为集中，《东京梦华录》如是写道：

> 街南桑家瓦子，近北则中瓦，次里瓦，其中大小勾栏五十余座。内中瓦子莲花棚、牡丹棚、里瓦子夜叉棚，象棚最大，可容数千人。自丁先现、王团子、张七圣辈，后来可有人于此作场。瓦中多有货药、卖卦、喝故衣、探搏、饮食、剃剪、纸画、令曲之类，终日居此，不觉抵暮。

汴京城里的三处瓦子，有五十多座勾栏，大的可容纳数千人，卖药、卖卦、博彩、饮食无所不备，令人流连。勾栏演出内容丰富多彩，李师师、徐婆惜的小唱，张七七、王京奴等的嘌唱，任小三的杖头傀儡，张金线的悬丝傀儡，李外宁的药发傀儡，董十五、赵七的影戏，张真奴的舞旋……

南宋吴自牧在《梦粱录》中记载，南宋临安城内瓦肆计十七处，似乎并不如汴京繁华，但从泸县宋墓出土的勾栏看，在南宋的县城乡野，那些曼妙的小曲、杂剧，依旧日复一日地上演着。由于没有墓志，我们并不清楚新屋嘴村宋墓主人的身份，但可以肯定的是，他似乎是位狂热的乐舞迷。

其他石刻，则再现了宋人的精致生活。宋人杨万里的《诚斋诗话》，有则文豪苏东坡的轶事，"诸伎立东坡后，凭东坡胡床者，大笑绝倒，胡床遂折，东坡堕地"。苏东坡一次聚会，一屁股把胡床坐散了架。所谓胡床，也称交椅，是一种腿部交叉、可以折叠的木椅，用于宋人的宴会、出游等场合。

交椅在泸县时有发现，福集镇纺织厂出土的石刻上，一个男侍扛了把交椅，似乎正要跟随主人出游；更多的交椅空空荡荡，旁边站着侍女，那是墓主生前的座位。在宋代，普通百姓是坐不上交椅的，它后来成了权力的象征，《水浒》中梁山好汉排座次，叫"坐第几把交椅"，就是这个道理。

明代交椅依旧流行，《金瓶梅》第十六回"西门庆择吉佳期，应伯爵追欢喜庆"，李瓶儿为了讨西门庆欢心，特地摆了桌酒席，"上面独独安了一张交椅，让西门庆上坐"。

许多石刻重复着相同的场景：不大的四边桌铺着桌布上有几碟水果、糕点，侍女捧着硕大的酒壶，侍奉在一旁，这是墓主生前的宴会场景。比起唐人，宋人的生活富庶而奢华，他们永无止境地追求娱乐，对宴会、出游极为热衷，通宵达旦畅饮，流连瓦肆勾栏之中。栩栩如生的宋代石刻，无疑是宋人精致生活的特写。

千百年前，工匠用手中的铁凿、铁锤，为商贾官绅营造地下宅第；千百年后，当我们打开一座座宋墓，南宋王朝的战争、乐舞、生活、建筑，在面前一一呈现。我们刚刚撬动一角，却已金戈铁马、夜夜笙歌。

图13-10 南宋的县城乡野，那些曼妙的小曲、杂剧，日复一日地上演着

图13-11 仆人恭敬地等待着主人，这似乎是墓主生前生活的再现

合江宋刻　石头上的梦华录

2019 年 9 月底，四川省泸州合江县虎头镇道路施工时发现两座宋墓，武士镇守墓门，青龙、白虎、朱雀、玄武四神守护着地下世界，花卉出土时尚残留红色。泸州境内已探明宋墓近千座，是中国宋代石室墓最集中的区域之一，墓中频频出现的石刻，则是宋人精致、雅趣生活的特写，恍若一部石头上的梦华录。

一手持佛经，一手拿账本

2019 年初冬，四川省合江县榕右乡磨盘田，几位村民抬起厚重的墓顶石，露出一个深不见底的洞口，尔后将两只木梯绑在一起，顺着洞口放了下去。踩着晃悠悠的梯子，我从洞口钻入地下，手电筒照亮了黑暗的地下世界：左侧武士头戴幞头，怒目圆睁、手持长剑，右侧武士双手持斧，背跨宝剑；仿木结构的驼峰厚重古朴，左右各有两尾鱼儿。

磨盘田地处榕右乡永安村 14 社，当地人称古坟嘴，海拔 334 米，背面为水清山，东面为榕山，南面是溪水，自古便是块风水宝地。环绕山腰分布着 40 余座宋代、明代古墓，我进入的宋墓，长约 5 米，高 3.8 米，墓室恢宏，雕凿精美。墓中出土了一通《宋故侯居士墓志铭》，高 1.2 米，宽 0.7 米，上镌 1145 字，是迄今四川宋墓出土的最长墓志。

侯鸣祖上资中人氏，祖父侯继迁游历至合江安乐山，见此地风景秀美，遂举家迁徙至合江，生子侯贯，传至侯鸣已有三代。侯鸣儿时即与众不同，孩童玩沙嬉戏，他却独自聚沙成塔；稍长外出求学，常在行李中藏着佛经，手不释卷。

侯鸣虽一心向佛，却善于谋划，生财有道，可谓一手持佛经，一手拿账本。他出资兴建黉宇（学校），聘请名师执教；乐善好施，救济贫者，医治病者，乡里有孤老辞世，也施予墓田与棺木，是远近闻名的乡绅，亲戚、术士乐于比邻而居，在其舍侧定居者有十余人之多。

靖康初年，金人渡过黄河，抵达汴京城下，宋徽宗召集天下兵马勤王，并号召百姓出力出钱。侯鸣闻之，慷慨捐资，次子侯时英也由此官至承节郎，承节郎为宋朝武阶官名，从九品。侯鸣育有侯甸、侯时英、侯时升、侯时敏、侯时用五子，女儿嫁给了进士李兢厚。

绍兴元年（1131）夏天，侯鸣染疾，诸子求医问药，侯鸣不许，言生死有命而已，七月二十五日驾鹤仙去，绍兴四年二月十七日，葬于合江县龙子山震岗之下。临终前写下两偈，其中一偈颇有禅意：

> 一生兀兀岂曾闲，今日辞乡别世缘。泥牛绳断牧童去，伏惟发□□□□。

按照宋人习俗，侯鸣生前即找来风水先生，营造墓茔，也称"生基"或"寿堂"，并在墓中安置石像，这项浩大的工程往往会持续数月之久。成都金鱼村宋墓，后龛雕有一尊高约20厘米的青砂石男子坐像，同时还出土了两块买地券，其中一块上书："大宋淳熙九年，岁次丙寅，十二月丁酉朔，初四日庚子。今有奉道弟子吕忠庆，行年四十六岁，九月十六日生，遂于此成都县延福乡福地，预造百年寿堂。……今将石真替代，保命延长，绿水一瓶，用为信契。立此明文，永保清吉。"1182年，吕忠庆的寿堂业已完工，并在墓中安放石像，为墓主祈福延寿，而直到十九年后（嘉定四年），吕忠庆方才入土为安。

距离侯居室墓大约2米，M39号墓业已暴露，墓顶垮塌，碎石散落在墓穴中，雕花窗格四分五裂，武士像半湮没在泥土中，爬满青苔。拨开杂草，可见武士面容清秀，头戴兜鍪，凤翅上冲，红缨飘扬，内穿袍衫，外罩铠甲，双手在腰间持斧，斧背清晰地露出尖锐的鸟喙——这是蛾眉鐝。宋代兵书《武

图13-12 武士浮雕像在宋墓中颇为少见，造像威武而不失灵动（线描图引自《泸州宋刻》）

图13-13 武士眉毛粗浓，表情威严，头戴兜鍪，鍪上刻花插缨（线描图引自《泸州宋刻》）

经总要》记载，"蛾眉钂，长九寸、刃阔五寸、柄长三尺"。蛾眉钂弯曲似鸟喙，常常用作礼仪用具。《东京梦华录》卷十"大礼预教车象"条，每逢大礼之年，宋朝在宫德门至南薰门外演练车象，骑象人手中所持，即是一种短柄铜钂。

武士是宋墓石刻最常见的题材，一般成对分布在墓门左右两侧门柱上，其形象多取材于宋代军士，体量庞大，有的甚至似真人大小，或英俊，或老成，或威严，或持重。

妇人启门，奴仆成群

在永安村，村民早就见惯不惊了，村里的农田、树林、路边，甚至房前屋后，都分布着为数众多的宋墓，2012年10月，村民陈有清在泡桐湾垦荒，就从土丘中挖出三座宋墓，其中M1、M2号墓相距仅1.32米，共用封土，可能是夫妻合葬墓。四川盆地的蜀人，生前成双成对，死后也不离不弃，宋代大文人苏东坡在《书温公志文异圹之语》一文中，认为蜀人同坟异葬，最为得礼：

> 《诗》云：毂则异室，死则同穴。古今之葬皆为一室，独蜀人为一坟而异藏，其间为通道，高不及肩，广不容人。生者之室，谓之寿堂，以偶人被甲执戈……而以石瓮塞其通道。

2013年春天，合江县文物局对泡桐湾宋墓进行发掘，随着发掘的深入，墓室结构亦随之水落石出。M1、M2号墓皆开凿在岩层之中，外形如同乌龟，表面上看起来颇不起眼，内部却别有洞天：墓室为石砌仿木结构，先安置梁柱，在其上架设过梁、横梁，将墓室分隔成门柱、侧龛、后龛等空间，雕刻廊柱、斗拱、阑额、雀替等构件，并在墓顶营造藻井。（图13-14、15）

墓室甬道两侧浮雕武士像，镇守墓门。再往里走，左右侧龛雕有双扇门

图13-14 合江泡桐湾M1、M2号合葬墓，宋墓往往成对分布

图13-15 封土揭开，泡桐湾M1号墓的布局清晰地展示在面前

扉，上雕富丽堂皇的折枝牡丹，仕女站在半掩的门前。这样的题材，称为"妇人启门"，早在汉代就已出现，四川芦山县王晖石棺上，就有女子启门形象，一位来自天国仙女，接引墓主跨越天门。（图 13-16）

时至宋代，"妇人启门"再度流行，妇人的角色却发生了诸多变化，她们或持镜奁，或捧瓜棱盒，或捧温酒的注子，或扛着凉伞，且出现了诸多男性，M1 号墓左侧龛即为男仆，左手握右手大拇指，于胸前行礼，以示恭敬。这是宋代流行的"叉手礼"，《水浒传》第十六回"杨志押送金银担，吴用智取生辰纲"，梁中书将护送生辰纲的差事交与杨志，杨志听后，"叉手向前禀道：'恩相差遣，不敢不依，只不知怎地打点，几时起身？'"

宋代的"妇人启门"，妇人身份大多是侍从、奴婢，手持器物也多为生活用具，这是墓主生活的再现，暗示家业雄厚、奴仆成群。宋人司马光的《居家杂仪》，曾如此规范家中仆从的行为，他们鸡鸣即起，伺候主人歇息后方才入睡，可谓片刻不得闲：

> 凡内外仆妾，鸡初鸣咸起，栉总、盥漱、衣服。男仆洒扫厅事及庭，铃下、苍头洒扫中庭，女仆洒扫堂室，设椅桌，陈盥漱栉䪼之具。主父主母既起，则拂床襞衾，侍立左右，以备使令。退而具饮食，得闲则浣濯纫缝，先公后私。

M1 号墓横梁之上，青龙身披鳞甲，左前爪握火焰宝珠，脚踏祥云，如在腾云驾雾；白虎身躯修长，四肢粗壮，矫健有力，似在山林奔走。

青龙、白虎是宋墓的常见题材，青龙在左，白虎居右，不少宋墓中还雕出朱雀、玄武，朱雀大多人面鸟身，展开双翅；玄武则是龟、蛇缠绕。中国文化中，青龙、白虎、朱雀、玄武即是星宿，又是四方之神，"东方之宿，则为苍龙。南方之宿，则为朱雀。西方之宿，则为白虎。北方之宿，则为玄武"。（图 13-17~20）

图13-16 泡桐湾M1号墓侧龛，上为白虎，下为妇人启门

13-17

13-18

　　1975年3月，广元〇七二医院基建工地发现宋嘉泰四年墓，墓中出土了一件买地券，如此描述四方之神的作用：

　　　　……买得寿山一□，命立寿堂，以备千年之计。所有四界，东至青龙，南至朱雀，西至白虎，北至玄武，上至苍天，下至黄泉，把钱交付了讫。

　　墓主郑氏，利州宁武军绵谷县（今广元）人，四十岁那年与夫君王再立一起买下墓地，雇来石匠修建此墓。郑氏希望这小小的地下世界由四神守卫，岁月永恒。如此说来，宋墓中的青龙、白虎、朱雀、玄武，便起到镇守墓室的作用，那是墓主的长眠之地，鬼神不侵，不可掠夺。

13-19

13-20

图13-17 青龙　　图13-19 白虎
图13-18 玄武　　图13-20 朱雀

　　M1 号墓后龛门扉半掩，男主人英气袭人，头戴高冠，身着圆领长袍，坐于交椅之上，身后有扇屏风，侍者侍立在一侧。M2 号墓后龛雕出仿木的屋顶，上有瓦垄，下设斗拱，一位头挽高髻、身着对襟长袍的中年女子，似乎正向门外凝望，两名仕女缓缓拉开厚重的帷幕，从后面探出脑袋。（图13-21）

　　一座完整的宋墓，由墓门、侧龛、后龛、藻井等部分构成。墓门由武士镇守，并在下葬后以厚重的封墓石封闭，隔绝尘世与阴府；侧龛雕有门扉，侍从、奴婢站在门前，等待墓主召唤，衣食住行，事事周备；后龛模仿书房或内室，墓主或焚香静坐，或对镜梳妆。如此一来，一座小小的宋墓，也就如同墓主生前宅第一般亲切。

　　　　　　　　　　　　　　　　　　　　　　　　宋代

图13-21 M2后龛雕出仿木的屋顶，两名仕女缓缓拉开厚重的帷幕

中国宋墓最集中的地区之一

合江县境内宋墓众多，几乎每个乡镇皆有分布，数目最多的榕右乡已发现60多座，全县业已暴露的宋墓超过百座。同样在泸州，泸县探明宋墓群160多处，而泸州龙马潭区、江阳区也屡有宋墓发现，这也使得泸州成为中

国宋代石室墓最集中的区域之一。为何大量宋墓在泸州出现，墓主人又是谁，答案或许隐藏在泸县喻寺镇一号墓中。

喻寺镇一号墓地处泸县南坳村，小地名叫屋基湾，湾中至少分布着 6 座以上的宋墓。一号墓长 4.57 米，高 3.28 米，棺台与后壁间有一通墓志，讲述了墓主古骥的生平。

古氏家族来自陕西扶风一带的古幽国，后迁徙到西蜀怀安军（今四川金堂）。父亲古亶于政和八年（1118）得中进士，出任岳池县令，却不幸早逝，因母亲白氏是泸川县（今泸县）人，古骥与母亲一同返回故里，从此在泸川县定居。乾道八年（1172）八月二日，48 岁的古骥溘然长逝，归葬井三里。

泸州宋墓虽多，出土的墓志铭却寥寥无几，从已发现的墓志来看，墓主家族都有迁徙背景：古氏来自陕西扶风，后辗转金堂、岳池到泸州；侯鸣祖父侯继迁是资中人氏；马一郎则是鄜州人（今陕西富县）；张悦家族同样来自资中，《张氏族谱》载："张悦字吉仙，始祖资中人，系出清河灵应帝君之后，自资迁泸，今五世矣。"

家族的迁徙，最终汇成了泸州人口的洪流。《太平寰宇记》记载，宋初泸州有汉户 2047 户、僚户 2415 户，宋徽宗崇宁年间已增长至 44611 户，短短 120 年时间中暴涨了接近 10 倍，而同属蜀地的益州、遂州、昌州、资州却仅仅增长 1 倍有余。这与泸州日益重要的军事地位不无关联，宋人家安国在《绍圣创都仓记》一文中写道：

> 泸虽边州，熙宁之前，人民官府，仅若一戍之聚，土田舆赋，一能给一旅之众。元丰四年，神宗皇帝遣将开边，赦蛮之罪，斥数百里之土，置十三堡寨，岁移嘉眉米三万斛以实之。移梓夔路兵马钤辖司，置泸南沿边安抚使司，帅边面千里，兵屯万计，张官布吏十倍于前。

泸州作为夷汉交界之地，宋朝先是设立"泸南安抚使司"，负责泸州、戍州防务；宋孝宗乾道六年（1170），又成为潼川府路安抚使所在地，下辖十五州府。诚如四川大学历史文化学院刘复生教授所言："入宋以来，随着对'泸夷'的征战愈发激烈，军事机构和政权建设的加强，城市防御工程的修筑，成为常态的夷汉贸易规模的扩大，不断迁徙充实到这一地区的民众，包括数量庞大的屯驻军士、政府官员、工役队伍、商人以及他们的家属等人员，后勤供给人员和随行附属人员必然也人数众多……大量汉民移居于此，数代之后，形成家族墓葬群，正是宋代泸州政治经济日益重要以及出现大量南宋墓的最好注脚。"

这些迁徙者或因做官，或因归乡，或因商贸，或因参军来到泸州，经由数代的苦心经营，最终在这片陌生的土地上立足。墓志还透露了一个信息，泸州宋墓的墓主，以低级官吏、乡绅富贾为主，他们不喜好撰写墓志，也没有太多精美的随葬品，却热衷兴建奢华的石室墓，并在南宋时期逐渐形成一方风气，以泸州为中心，广泛地分布在广元、宜宾、大足、绵阳、重庆等地。

掩埋在地下的宋朝

近年来的施工、垦荒，让原本隐藏在山中的宋墓纷纷暴露出来，经过清理发掘后，刻有武士、青龙、白虎、侍从、花卉、郊游等图案的石板被切割下来，运送回博物馆，数目已有 2000 余件，单泸州博物馆就收藏了 497 件。漫步其中，恍如回到宋朝，穿行在汴京城中。

"净扫一室，晨起焚香，读书于其间，兴至赋诗，客来饮酒啜茶，或弈棋为戏，藏书数百卷，手自暴之。有小园时策杖以游，时遇秋旱，驱家僮浚井，汲水浇花，良天佳月，与兄弟邻里把酒杯同赏，过重九方见菊以泛觞，有足乐者。"宋代诗人王十朋如此描述自己的生活，焚香、饮酒、煮茶、藏书、郊游、养花，这似乎也是宋墓石刻的永恒主题。

宋人喜好焚香，编号 02434 的石刻，一席方桌，瓶中插着莲花，头梳高髻的侍者，左手拿起香盒，右手正拈香入炉，左侧侍者笑意盈盈，正行叉手礼。（图 13-22）另一件"狮子出香"香炉就更精妙了，莲台为炉身，莲蓬为炉盖，焚香时，香气从狮子口中吐出，两名仕女一人捧花瓶，一人拿香盒，烟雾缭绕，香气氤氲。（图 13-23）此情此景，像极了宋代无名氏的这首《侍香金童》："宝台蒙绣，瑞兽高三尺。玉殿无风烟自直，迤逦传杯盈绮席。苒苒菲菲，断处凝碧。"

宋人焚香，常在香炉旁置花瓶，此外，士大夫的书房、大户人家的庭院、女子的闺房也以插花为时尚，连平民百姓也不例外，尤其是端午节这天，家家户户都插鲜花，没有花瓶的人家就用小坛插花。插花的流行，带动了鲜花业的繁荣，《梦粱录》记载，临安城"四时有扑带朵花……春扑带朵桃花、四香、瑞香、木香等物；夏扑金灯花、茉莉、葵花、榴花、栀子花；秋则扑茉莉、兰花、木樨、秋茶花；冬则扑木春花、梅花、瑞香、兰花、水仙花、腊梅花"。

花卉图几乎在每座宋墓中皆发现，分瓶插花卉、折枝花卉与缠枝花卉三种形式，分布于墓室横梁、过梁等处，又以侧龛门扉的格眼最为常见，且种类繁多，牡丹、莲花、桂花、梅花、月季、水仙、芙蓉琳琅满目。由此看来，宋代的泸州人，或许也是不可一日无花的，爱花的时尚，早已深入宋朝的每个州县。（图 13-24、25）

宋人又好饮酒，侯鸣"一日无客则不乐，喜酒健啖至老不衰"，饮酒、宴饮场景在宋刻中颇为常见，觥筹交错，推杯换盏。侍从头戴小帽，左肩搭毛巾，双手捧着莲花酒台，下承酒盏；侍童头顶束发，赤着双脚，将京瓶抱在怀中，瓷胎京瓶也称"梅瓶"，瓶身修长，轻盈秀丽；头梳双髻、身着抹胸的丫鬟捧着注子，注子体积巨大，居然有半人高，墓主似乎用夸张的手法，暗示着家中美酒佳酿源源不断。（图 13-28）

注子是宋代常见温酒之器，由执壶与温碗组成。《水浒传》第二十四回"王婆贪贿说风情　郓哥不忿闹茶肆"，西门庆与潘金莲在王婆家中相见，

图13-22 泸州博物馆馆藏石刻，侍者正把香料投入香炉之中

图13-23 矮几上放着狮子出香香炉，左右侍女着抹胸长裙，持瓶与香盒

图13-24 宋代士大夫的书房、大户人家的庭
院、女子的闺房皆以插花为时尚

图13-25 花卉图几乎在每座宋墓中皆有发现

王婆道："老身去取瓶儿酒来，与娘子再吃一杯儿。有劳娘子相待大官人坐一坐。注子里有酒没？便再筛两盏儿，和大官人吃。"可见连王婆这样的寻常人家，也是要备着注子的。

千年之前的宋朝，曾在《清明上河图》中留下了繁华的气息，商旅云集，百肆杂陈；也在《东京梦华录》《梦粱录》中留下了曼妙的记忆，瓦肆勾栏，繁花似锦。千百年后，随着一座座宋墓被发现，我们看到了宋人的焚香、宴饮、插花、乐舞，乃至金戈铁马、神话世界，那是宋朝在石头上留下的影子。

图13-26 侍者身着圆领长袍，双手于胸前捧瓜棱碗

图13-27 侍者头梳高髻，身着圆领长袍，手捧唾壶

图13-28 侍者头戴交脚幞头，手持梅瓶

银熏炉盖

1993 年冬天，彭州西大街建筑工地上，工人发现一个窖藏，350 件金银器藏身其中，这也是中国迄今最大的宋代金银器窖藏。金菊花盏、金瓜盏、凤鸟纹银注子、银梅瓶、金钗、金簪……透过它们，八百多年前宋人的奢华精致生活，重现于世。窖藏的主人是彭州城中的董姓家族，他们为何将这些珍贵的金银器埋入地下？

西蜀梦华

中国宋代金银器第一窖藏

董宅的危机

大约南宋端平年间的一天，成都府路彭州城，夜已深，董宅的灯还亮着，董家老老少少面色凝重，心事重重。几天前，城里来了些别处逃来的难民，听他们讲，蒙古人从大散关打进来了，一路攻破剑州（今剑阁县）、巴州（今巴中市），每到一处烧杀抢掠，甚至毫无人性地屠城，恐怕不多久就要打到彭州了。

彭州守备力量薄弱，如何抵挡得了如狼似虎的蒙古人，一旦蒙古人进城了，府上日常使用的金器、银器恐怕要被洗劫一空，众人商议了半天，决定将金银器掩埋起来，暂避风头。趁着夜黑风高，董宅的家丁在附近寻了处僻静地方，挖了个长 1.2 米、宽 0.8 米、高 0.9 米的大坑，并在坑底、四壁砌上青砖，大件的盆、注子放在下部，小件的酒盏、茶托垒在上面，最后，家丁找来三块大石板盖上去，填土掩埋。

就在董宅为金银器忧心忡忡之时，彭州城南，另一户人家同样听说了蒙古人即将到来的消息，也把家中的仿古青铜器挖坑掩埋起来。由于没有题记，我们并不清楚他们的确切身份，但宋朝的仿古青铜器一般为官宦人家所有，这户人家的身份应该颇为高贵。

董家人的担心不无道理，南宋端平三年（1236），蒙古兵分三路伐宋，其中皇子阔端率领的西路军由大散关攻占汉中，并于同年九月沿古金牛道进入四川，仅用了一个多月便攻入成都城，尔后往川西攻破邛（邛崃）、彭（彭州）、汉（广汉），往川北焚烧潼（三台）、遂（遂宁），往川东扫荡万（万县）、开（开县）。四川生灵涂炭，一片狼藉。

几个月后，宋将贺靖收复成都，在城中收殓140余万具尸骨，城外更是无法计数。同年，彭州城破，董家人也是命运多舛，在蒙古铁骑下成为冤魂（也有说法认为董家人埋下金银器后，匆匆踏上流亡之路，只是因故未能返回故土取走这批庞大的宝藏）。那些精美的金银器在地下沉睡了约八百年，直到1993年才再次为世人所知，只是打开窖藏的，早已不是当年的董姓了。

1993年11月5日，彭州天彭镇西大街建筑工地上，天色已晚，有工人在挖好的地基里看到一块石板，遂唤来同伴，想将石板撬回家砌猪圈。没想到，石板刚刚撬起，工人发现底下有个大坑，坑中堆满了黑乎乎的物件，掏出来一看，原来全是金银器！西大街挖到金银的消息不胫而走，成都市文物考古研究所的工作人员赶到现场，将大石板挪开，满满一坑金银器出现在眼前——董宅的珍宝，终于重见天日了！

考古学上，像西大街这样因为战乱、灾难，古人特意藏匿财宝、器物的遗址，也称"窖藏"。经过清理，西大街窖藏共出土了350余件金银器，可辨认形状的343件，其中金器27件，银器316件，这也是中国迄今发现最大的宋代金银器窖藏。

350 余件金银器，刻有铭文的有 250 余件，其中"董""董宅""陇西郡董宅"反复出现，这也成为判断金银器主人的关键证据。董姓最早居住在陇西郡（今甘肃兰州），后迁徙入蜀，来到彭州定居。部分金银器上也能零星地看到"齐""东海郡逝娘置""史氏妆奁"铭文，它们可能原非董宅所有，而是通过送礼、随嫁的方式来到了董宅。其中一件深腹素面杯上同时刻有"董"与"东海郡逝娘"铭文，东海郡即今江苏省连云港市一带，不知这位逝娘，是否嫁到了董家。那套银杯应是娘家为她置办的嫁妆？

图14-1 如意云头纹梅瓶，底部刻有"董宅"二字

图14-2 金菊花盏

图14-3 菊花金碗是宋代最常
见的金银器之一，器底做花
蕊状，器壁做花瓣形

无酒不成席

西大街窖藏发掘完成后，其中115件金银器被评为一级文物，这也使得彭州博物馆成为中国区县博物馆的翘楚，有的博物馆总共才一两件一级文物，哪有彭州博物馆这么阔绰？彭州博物馆是个仿古的院子，亭台轩榭，清雅幽静，信步其中，仿佛走进了当年董家的宅子，他们奢华精致的生活，犹在日复一日地上演着。

金银器以酒具数目最多，金菊花盏、金瓜盏、银酒托、龟游莲叶杯、银注子、银梅瓶……金菊花盏高4厘米，口径10.4厘米，重124克，小巧玲珑，工艺精湛，碗壁似层层菊瓣，碗底似花心。（图14-2）金菊花盏的灵感，可能来自故宫藏南宋册页《菊丛飞蝶图》，此画为南宋朱绍宗所作，丛菊盛开，蝴蝶飞舞。宋人金银器常常以诗词与画作为本，形成独特的简约、雅致之风。

金菊花盏圈足有"绍熙改元舜字号"字样，绍熙为宋光宗年号，改元

图14-4 金瓜盏，宋代的金瓜盏可能多用作劝杯的角色

当在1190年，这也成为判定西大街窖藏年代的重要依据——既然出现绍熙年号，说明窖藏的年代当在此之后，结合蒙古入侵的历史事件，因此将西大街窖藏确定在端平年间。

金瓜盏高3.6厘米，口径6.8—10厘米，顶部鼓起的瓜脐，尾部的瓜蒂，由萼、藤、蔓扭成器柄，如同半块切开的瓜。（图14-4、5）宋人饮酒，宾客各有一酒盏，为了助兴，酒桌上还得有劝酒与玩赏的劝杯，金瓜盏就充当了这样的角色。《水浒传》第二十四回"王婆贪贿说风情　郓哥不忿闹茶肆"，武松要出远门，对武大郎的境遇很是担心，于是安排了个家宴，"酒至五巡，武松讨副劝杯，叫士兵筛了一杯酒"，可见像武大郎这样的普通家庭，也是要常备劝杯的。

龟游莲叶杯在西大街窖藏发现了10件，此杯特别之处在于杯底錾刻二十六曲荷叶一张，荷叶上趴了只小乌龟，可以想象，倘若倒上美酒，银杯便有水波荡漾的美感，而乌龟也似在水中潜游。《史记·龟策列传》有载："龟千岁乃游于莲叶之上，著百茎共一根，又其所生，兽无虎狼，草无毒螫，

图14-5 金瓜盏纹饰线描图
（引自《彭州文物撷珍》）

江傍家人常蓄龟饮食之，以为能导引致气，有益于助衰养老。"宋人诗词中常常写到龟游莲叶杯，比如南宋诗人、金石学家洪适的这首《生查子》："碧涧有神龟，千岁游莲叶。七十古来稀，寿母杯频接。"洪适参加姚母寿宴，席间即以龟游莲叶杯酌酒，此杯似多用于宋人祝寿场合。

金菊花盏、金瓜盏、龟游莲叶杯均为饮酒之器，宋人的酒席，还需有注子、梅瓶等温酒之器。注子由执壶与温碗组成，西大街窖藏共发现9套，又以这件凤鸟纹银注子最为奢华，执壶壶身满饰凤鸟、折枝牡丹、缠枝花纹，壶盖上的凤鸟头有着鹰一样的勾喙，连眼珠、睫毛皆清晰可见，头冠上扬，长长的羽毛似在迎风飘扬，与之配套的温碗同样装饰凤鸟、牡丹、缠枝花纹。（图14-6）

另一件象钮莲盖银注子则更为古朴，执壶壶盖之上立有银象，壶身錾刻卷草纹、三角形蝉纹、兽头纹，这些纹饰多见于商周时期的青铜器。（图14-8、9）宋代仿古之风盛行，1996年3月，那户官宦人家的青铜器也在一次基建工程中露面，古色古香的铜琮、铜尊、铜甗重见天日，可见宋人的好古之风。

图14-6 凤鸟纹银注子，高31
厘米，与温碗配套，凤鸟勾
喙如鹰，冠毛长飘

图14-7 莲盖银注子，与六曲
形温碗配套，这是宋代流行
的酒器

图14-8 象钮莲盖银注子与双耳银温碗

图14-9 象钮莲盖银注子线描图（引自《四川彭州宋代金银器窖藏》）

图14-10 葵形银盏造型美观，制作精致，葵形盏是宋代常见的金银器之一

图14-11 葵形银盏，西大街窖藏发现了银葵花盏、莲花形盏、狮纹盏等，董宅的宴会似乎颇为频繁（线描图均引自《四川彭州宋代金银器窖藏》）

凤鸟纹银注子、象钮莲盖银注子带有强烈的辽金特色，辽墓壁画中便常能看到类似的注子，可能是宋朝专门组织加工的，进贡给强大的辽、金，抑或是与辽金进行贸易，其中一小部分也在宋朝境内流通。

此外，西大街窖藏还发现了银葵花盏、莲花形盏、狮纹盏、叫子升天夹层盏等。董宅的宴会似乎颇为频繁，在考究的庭院中，董宅高朋满座，觥筹交错，推杯换盏，酒到酣时，主人令婢女取出金瓜盏，当主人捧着这精美的酒器来到面前，就算宾客已喝得酩酊大醉，也乐于一饮而尽吧？

董姓生活的南宋，金银器已是宋人生活中必不可少的物件。在一本名为《碎金》的书中，单酒器一项，作者就列出了樽、㮰、果合、泛供、劝盏、劝盘、台盏、散盏、注子、偏提、盂、酒经、急须、酒罂、觞等诸多类别。宋人的笔记、文集中，有关金银器的记载就更多了，孟元老的《东京梦华录》这样描绘汴京酒楼中的金银器："凡酒店中，不问何人，止两人对坐饮酒，亦须用注碗一副，盘盏两副，果菜碟各五片，水菜碗三五只，即银近百两矣。虽一人独饮，碗遂亦用银盂之类。"在汴京的会仙酒楼，哪怕只是两人小酌，桌上的金银器也价值百两。宋朝南渡之后，在都城临安，酒楼奢华之风更甚，《武林旧事》里，"和乐楼，和风楼，中和楼，春风楼……每库设官妓数十人，各有金银酒器千两，以供饮客之用"。在临安的官方酒楼，日常使用的金银酒器，每楼不少于千两，甚至连夏天街头卖冷饮的小摊，提供给顾客的也是银器。

"董小姐"的首饰

董宅的女子，首饰盒中自然也少不了金银物什，西大街窖藏发现金钗十九支、金簪一支。金钗有圆头、方头两种式样，长约20厘米，钗头装饰小圆圈纹。金钗由两股簪子合成，使用时安插在双鬓之间，因是女子心爱之物，常用作女子别称，比如"金陵十二钗"。

宋人诗词中，钗时有出现，又以诗人陆游的这首《钗头凤》最负盛名：

> 红酥手，黄縢酒，满城春色宫墙柳。东风恶，欢情薄，一怀愁绪，几年离索。错、错、错！　春如旧，人空瘦，泪痕红浥鲛绡透。桃花落，闲池阁。山盟虽在，锦书难托。莫、莫、莫！

陆游与表妹唐婉本是夫妻，举案齐眉，相敬如宾，但陆母不喜欢唐婉，两人被迫分离，这首《钗头凤》写尽了无奈与离愁。古时男女分离，女人往往将头上的钗一分为二，一半自己留着，另一半赠予心上人，辛弃疾的《祝英台近》，"宝钗分，桃叶渡，烟柳暗南浦"，即是此意。

图14-12 金钗，西大街窖藏共发现金钗十余件，钗是由两股簪子组合成的首饰，用以绾住头发

　　　　　　　　　　　　　　　　　　　　宋代

西大街窖藏还出土了一件金簪，长 19.2 厘米，簪头有一周联珠纹，内饰牡丹缠枝花纹，簪身以碎点线装饰卷云纹。古时女子年满 15 岁要举行加笄礼，这笄就是簪子，戴上簪子，也就意味着女子即将从少女成为人妇。正因为如此，古时女子出嫁，娘家要准备多种簪子，以备在婚后使用，这些簪子或在金银铺订购，或干脆请工匠来家中专门打造。

此前，中国各地多有金簪出土。比如江苏江阴夏港宋墓的金花头桥梁簪，堪称宋代金簪中的珍品，簪梁有五枚花头，花头中錾刻凤凰图案，并装饰牡丹与菊花。再比如南京幕府山宋墓的金麒麟凤凰纹搔头式簪，一端为回首顾盼的麒麟，一端为翩翩起舞的凤凰。明代簪子的种类尤为繁多，江苏江阴青阳邹氏墓就出土了嵌宝石凤凰金簪、艾虎五毒金簪、蝶恋花金簪、螳螂捕蝉金簪、满池娇金簪等多种，分别用作挑心、顶簪、花钿儿、分心、掩鬓。

我们已难以考证，这些金簪、金钗是哪位"董小姐"的心爱之物，簪身、钗身弯曲的折痕，似乎说明曾被经常使用。也许，在无数个清晨，董宅的女子梳洗之后，插上华美的金钗、金簪，尔后操持一天的家务。南宋不论是大户人家，还是一般百姓，都得为家中女子置办几件首饰，就算借钱也在所不惜。宋人张仲文在《白獭髓·杭州流俗》中记载："其或借债，等得钱，首先充饰门面，则有漆器装折，却日逐籴米而食，妻孥皆衣，弊衣跣足，而带金银钗钏，夜则赁被而宿。似此者，非不知为费，欲其外观之美而中心乐为之耳。"贫穷得晚上都要租被子睡觉，女子却还要戴着金银钗钏，这似乎也只有奢华成风的宋朝人才做得出来吧！

工匠张十二郎

不少金簪、金钗上刻有铭文，"张十二郎记""何□三郎记"，以及

图14-13 花形银盘，呈芙蓉花形，十曲形口，盘底心饰圆形花蕊

图14-14 莲瓣纹银碗，高7厘米，口径9.4厘米，莲瓣四层，层层叠压，使得器物产生雕塑感

"瞿家十分""寺街张家""张家十分""汪家造十分"。张十二郎、何□三郎即是生产金簪、金钗的工匠，唐宋时期男子多以辈次称郎，《水浒传》的武大郎、武二郎即由此而来。寺街张家、汪家造、瞿家则是商号之名，诸如"十分"的说法，并不一定代表商品的成色就是十分，而是商家的广告语，意思是自家打制的金银器分量足，成色好。

其他金银器上，还有"王家造十分""公家十分""袁家十分""周家十分""木家十分记""陈家打造十分""寺街陈家""吉庆号""德号""袁字号"铭文。有意思的是，商铺名出现在一种或者一套器物上，说明当时社会分工之细，每家商铺都有自己最拿手的商品。比起唐代，宋代商品经济的发展促使社会分工细化，私营作坊数目急剧增长，工匠地位也大为提高，

图14-15 龙纹夹层银杯，杯腹浮雕双龙，其中一条龙上身扭曲向上，两前爪攀爬于杯沿

图14-16 树叶形银茶托，托盘呈菱形，饰为四叶形

图14-17 银熏炉盖，完整的熏炉由熏炉盖、托盘、圈足三部分构成

图14-18 瓜棱形银壶厚重大气，器底刻"吉庆号"三字

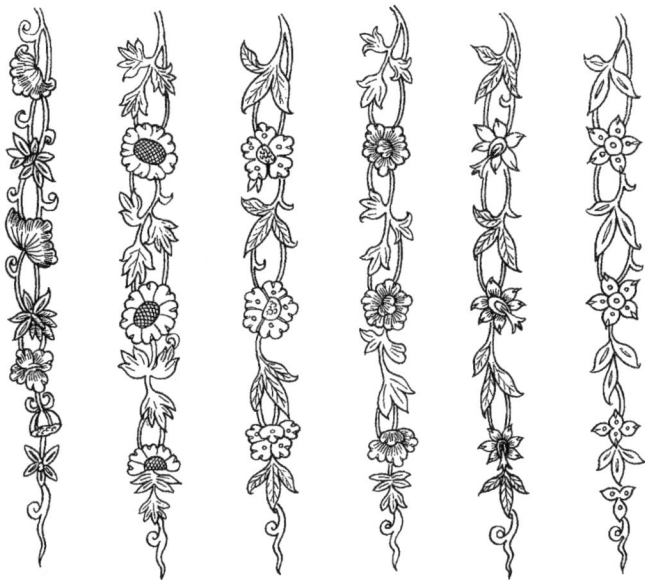

图14-19 银器饰纹线描图（引自《四川彭州宋代金银器窖藏》）

有工匠甚至因为手艺高超得到宋真宗接见。

同样在《东京梦华录》中，也有诸多关于金银器商家的记载："南通一巷，谓之界身，并是金银帛交易之所。屋宇雄壮，门面广阔，望之森然。每一交易，动即千万，骇人听闻。"南通一巷是汴京金银帛的交易场所，交易额动辄千万，数额巨大的金银交易，背后是社会对金银器的庞大需求。宋朝地方城市中也有为数众多的金银铺，四川德阳孝泉镇发现的一处窖藏，即是"德阳孝泉周家"所制。

窖藏背后的生离死别

从 20 世纪 50 年代始，四川各地已发现宋代窖藏近百处。1959 年 3 月 22 日，德阳孝泉镇农人耕地时挖出一处窖藏，117 件银器装在一件四耳罐中，包括梅瓶、注子、酒托、香薰炉等，罐外散布"崇宁通宝"铜钱 80 余千克。从铭文来看，银器是德阳孝泉周家与洛阳庞家所造，所有者是当地沈宅、冯宅与马宅。

1981 年 8 月，成都双流区加禾村一处窖藏浮出水面，内有银铤与金银首饰共 19 件，其中银铤 6 件。银铤为宋代货币，其中一件上，"南平军庆元二年夏季经总银二十五两专库官张□□，库官邓行人□林嵩春二十六两钱"题记犹存，南平军在今重庆南川区一带，庆元是宋宁宗年号，庆元二年为 1196 年。

1982 年，广安市广福莲花桥也发现一处宋代窖藏，破旧的陶坛中装有铜器 80 余件：瓶、盘、琮式壶、蒜头壶、烛台、镜、辟邪，还有端砚两方。五年后，又一处宋代窖藏在广安市大良乡大良村露面，铁罐中有影青瓷、黑釉碗、青瓷碟等 60 余件。大良村南宋末年建有大良城，是宋朝抗击蒙古人的城堡之一。

此外，剑阁县、绵阳市、安县、什邡市、金堂县、温江区、大邑县、彭山县、青神县、雅安市、平武县、江油市、三台县，也屡屡有宋代窖藏出土。窖藏中的文物，有金银器、青铜器、瓷器、文玩以及银铤、铜钱，就金银器而言，四川窖藏金银器已发现近 500 件，约占中国宋代出土金银器一半。

如此集中的宋代窖藏在四川出现，背后究竟有何渊源？中国社会科学院考古研究所徐苹芳先生在查看了四川窖藏史料后，提出了自己的看法：第一，窖藏的年代，大都集中在南宋宁宗嘉定年间至南宋灭亡期间；第二，窖藏的分布地，大多是昔日的行政中心或军事重镇。1236 年，蒙古军兵分三路，西路攻四川，中路攻荆襄，东路攻两淮，"凡破四川府州数十，残其七八"，四川军、府、州、县遭遇重创，大难临头，百姓纷纷将家中值钱的家当掩埋起来，这也是宋代窖藏大量出现的主要原因。

大约八百年前，听闻蒙古铁骑入侵的消息，董宅将金银器埋在地下，他们或许没有想到，在四川许多地方，惊慌失措的宋人也纷纷将金银器、铜器、瓷器掩埋起来。然而，战争的残酷性远远超过了想象，他们或背井离乡，或生灵涂炭，再也没有机会来取走当年的埋藏。精美的金银器被尘封在地下，同样被尘封的，还有宋人奢华精致的生活——推杯换盏、觥筹交错。

15

江北多功城城门宋代题记拓片

南宋年间，为了抗击蒙古铁骑，宋朝军民在今四川、重庆范围内创建了 83 座山城，如今保存完好者 10 余座，如钓鱼城、多功城、云顶城、神臂城、虎头城、运山城、大良城、凌霄城等，凭借这些城堡，蜀中军民抗击蒙古长达半个世纪之久。这或许是南宋王朝最惨烈、持续时间最久的战争，就算南宋已亡，犹未放弃抵抗，而中国乃至世界的历史，也因这些城堡悄然改变。

方山为城

四川盆地的南宋城堡

烽火

在宋朝屈辱的外交史上，公元 1234 年（宋端平元年，金天兴三年）是值得史官大书特书的年头。这年正月，江陵府副都统制孟珙率领两万宋军，与蒙古军队在蔡州（今河南汝南县）城下相会，此时的蔡州已被围三月有余。恰逢春节，蔡州城外，宋军、蒙古军大开盛宴、鼓乐相闻；蔡州城中，金军饥寒交迫，以人骨、芹泥充饥，打了败仗的金军常常被全队宰杀，以充军粮。

正月初九晚上，金哀宗见大势已去，不愿当亡国之君，召集百官，将皇位传给完颜承麟。十日清晨，即位大典正在进行，城外的宋军已登上南城，百官匆匆进殿行礼，连完颜承麟的模样都没看清楚，又赶到城头厮杀。听到城外的呐喊声，金哀宗在幽兰轩自缢而死，才当了半天皇帝的完颜承麟死于乱军之中，后被追谥为末帝。

宋蒙联军攻入蔡州城时，金哀宗尸体上的火焰还未熄灭，就被蒙将塔察尔与宋将孟珙一分为二。而蒙古伊儿汗国宰相拉施特主编的《史集》记载，塔察尔仅仅获得一只手臂，余下的骸骨为孟珙所获。蔡州沦陷，标志着国祚一百二十年的金朝就此灭亡。

也许还有宋人依稀记得，当年宋朝备受辽朝欺凌，为了从辽人手中夺回燕云十六州，于宣和二年（1120）派遣赵良嗣由海路接触女真人，商议灭辽事宜，史称"海上之盟"。仅仅七年之后，金人的铁骑便攻入汴京，将徽宗、钦宗等宗室、后妃、大臣、宫女、工匠等一万五千余人掳掠到天寒地冻的五国城，令宋人饱尝亡国之痛。如今宋朝军队攻入金朝，将金哀宗遗骨作为战利品带回临安，也算一雪前耻了。宋理宗连忙派遣侍者到汴京祭拜祖庙，接着去巩义祭扫祖陵，宋朝的列祖列宗恐怕有百余年未能闻到香火味了。

13世纪，蒙古人在呼伦贝尔草原迅速崛起，马蹄声撼动整个欧亚大地。1219年，成吉思汗亲率四子出征，剿灭花剌子模，横扫中亚和伊朗高原，越过高加索山，深入南俄草原，打败俄罗斯诸侯联军。

而在中国，南宋、西夏、金朝三足鼎立的格局也由于蒙古人的入侵土崩瓦解。1225年，蒙军兵临贺兰山下，西夏亡国，而金朝的灭亡则使得宋朝彻底失去了北方屏障。宋人或许不曾想到，宋蒙盟约的墨迹犹未干透，蒙古铁骑便踏入宋朝疆土，一如当年宋与金联合攻辽、又被金人攻入汴京的往事。

1235—1236年，蒙古兵发三路伐宋，西路军由皇子阔端统帅，自秦州、巩州入侵四川，中路军自河南攻襄阳，东路军剑指江淮。战国年间，秦将司马错从蜀地顺长江而下攻楚，收取楚国西部大片土地；三国末年，杜预从成都直抵建康城，三国归一。得蜀者得天下，蒙古人也打算模仿前朝旧事，从汉中入蜀，再顺长江而下直捣临安，四川也就成为双方鏖战的主要战场。

谁也没有想到，这场战争竟持续了半个多世纪。

四川承平日久，除都统制曹友闻在阳平关苦战殉国外，其他州县皆望风而靡，潼川（今三台县）、遂宁（今遂宁市）、顺庆诸府（今南充市）官吏弃城而逃，主持四川防务的制置使赵彦呐听闻蒙古入侵的消息，居然只身逃遁（安抚使、制置使、宣抚使均由朝廷直接任命，主持某一地区战事）。

九月十八日下午，三百蒙古骑兵打着宋军李显忠部的名义，由城北驷马桥进入成都。成都承平日久，百姓不识兵革，凑在一起看热闹，许久才发现这些士兵竟是异族装扮，拿着扁担、锄头迎战，用桌椅围堵蒙古骑兵。城中一片混乱，制司幕客杨栋将激赏库的珍宝洗劫一空。十三年后东窗事发，已是建宁知府的杨栋却仅是削职而已。

二十日，蒙古骑兵再入城，成都城中只有四百牌手与三百衙兵，知府丁黼领着牌手、衙兵在西门外石笋街与蒙军巷战，被射杀在金花街菜地中。几天后，大队蒙古骑兵云集在成都城下，阔端大书"火杀"两字，放火焚城，尽杀城中居民后离去。据《史母程氏传》一书记载，蒙古人将百姓以五十人为一组屠杀，尸体堆积如山，有个叫朱禩孙的官吏侥幸躲过一劫，他藏匿于一堆尸体里，淋淋鲜血涌入口中，夜半朱禩孙苏醒，偷偷潜逃出城，后与人说起此事，泪如雨下。事后，宋将贺靖回到千疮百孔的成都，在城中收殓骸骨一百四十万具，城外更是尸横遍野，难以计数。

蒙军四下抄掠，遂州、资州、阆州、邛崃、开州、万州、夔州被接连攻破，时人吴昌裔如是形容："昔之通都大邑，今为瓦砾之场；昔之沃壤奥区，今为膏血之野。青烟弥路，白骨成丘，哀恸贯心，疮痍满目。"元人袁桷的《清容居士集》收录了一通《同知乐平州事许世茂墓志铭》，碑文记载，蒙古铁骑来袭，蜀中衣冠大姓呼儿唤女，抓上金银细软，争相爬上舟船，打算顺江而下至江南，一路触礁碰岩者无数，蜀人尽喂鱼鳖，哀号声回荡在三峡中，等到了江陵府，已十不存一二。

自蒙古入蜀以来，蜀中城池接连沦陷，它们的经历令考古学家颇为着迷。20 世纪 70 年代，四川省金堂县沱江之畔，有个农民在自家院子里挖地窖，一锄头下去，一大堆铜钱刨到脚下。农民没有声张，悄悄埋好，隔三岔五就挑去废旧品收购站当废铜卖，事后人们才知道，这批铜钱有 3000 斤重，足足卖了几个月。十多年后，又有村民种地时挖出一方铜印，上刻"武宁第一指挥第四都朱记"字迹。"武宁"是军队番号，按照宋军编制，百人为一都，统率五百人为"指挥"。

这些故事成了金堂人口中津津乐道的话题，谁留下了成吨的铜钱，又是谁遗失了朝廷军印？ 2008 年春天，成都市文物考古研究所进驻金堂，发现这片区域是宋怀安军遗址。宋朝在矿产丰富之地设"监"，开采矿产；在军事重地设"军"，主持地方防务。除了怀安军，四川尚有长宁军、宁西军、永康军、石泉军、云安军、梁山军、南平军等。

我来到怀安军遗址时，发掘尚在进行，一道高约 2 米、宽 10 米的残墙横亘在遗址中央，这是北城墙的一部分，呈梯形，以泥土夯筑，外围垒砌长条石。城墙侧还发现了一块石碑，上刻"军资库"三个大字，这是存储物资的仓库，那 3000 斤铜钱可能正是军资库遗失的。

由于地处沱江险隘，宋太祖赵匡胤立国后，即令地方官修筑怀安军城，建造城郭，驻扎军队，扼守沱江水路。南宋年间，古城日益残破，怀安军军事长官度正上书朝廷重修，修葺后的古城"高一丈五尺，厚一丈六尺"。宋代一尺约为今 0.31 米，据此推断，怀安军城高约 4.65 米。遗址旁边曾发现过一条宽约 10 米的壕沟，可能是护城河。

嘉庆《金堂县志》记载："史显孙，宋末为怀安军知军。元兵分哨入简州，知州李大全死之。显孙时避于简，亦死。"史显孙曾任知怀安军，此时城池或许已被攻占，他才来简州避难。蒙古铁骑长驱直入，军事重镇怀安军自然首当其冲，保命尚难，又哪来的时间去收拾铜钱、官印呢？

图15-1 怀安军城发掘现场，这是一块长方形的遗址，一条宽约5米的石板路从中心穿过，两边用厚重的长条石层层叠垒成城口

南宋末年，怀安军再不见于史书记载，战火让这座巍峨的古城湮没在了地平线下。从某种程度而言，它也是南宋王朝一个凋敝的背影而已。

筑城

游牧部族早期的征伐，多以焚毁城市、掠夺钱财、屠杀人口为主，以达到摧毁社会与生产机能的目的。端平三年（1236）后，蒙军每隔一两岁即来袭扰。1237年春天，一支蒙古铁骑突袭遂州武信城（今遂宁市），时值灯市，城中灯火阑珊，游人如织，百姓上街赏灯，却不意遭此飞来横祸，府库钱粮也被洗劫一空。

淳祐元年（1241）秋天，蒙古人卷土重来，没遇太多抵抗即兵临成都城下。新任四川制置使陈隆之婴城固守，守了十余日，蒙古人正要退兵，都统田世显开门投诚，陈隆之被擒，家中老小数百口惨遭杀害。蒙古人将陈隆之押到汉州城（今四川广汉市）下，令其招降守将王夔，隆之一介书生，在城下高呼"大丈夫死耳，毋降也"，旋即被戮杀。城中三千将士出城迎战，无一生还，王夔驱使火牛冲向蒙军，趁乱逃离。

成都沦陷后，蒙古铁骑陆续攻破嘉定、泸州、叙州等二十余城，城市沦为废墟瓦砾，百姓尽为路边枯骨。宋人逐渐意识到，传统意义上的城池很难阻挡蒙古军队的进攻，必须借助山地与河流的优势，修筑山城，将步兵分散在山中，依靠地形与其周旋，避免与蒙军直接交锋。

中国传统的城垣，往往选择在河流边的台地上筑城，充足的水源与广袤的土地能提供城市发展的必要资源。这些城池在蒙古骑兵面前并没有太多抵抗力，曾于绍定五年（1232）出使蒙古的宋人彭大雅，在《黑鞑事略》一书中指出，蒙古铁骑"来如天坠，去如电逝"，一旦偷袭，守军往往首尾难顾，而蒙军从世界各地掠来能工巧匠，炮石火器、攻城器械更是无不具备。

许是对蒙古人的作战方式深有体会，彭大雅出任知重庆府后，力排众议，将重庆城由土城改为石城，并在合州城（今重庆合川区）东5千米的钓鱼山加筑山寨，以为重庆屏障。重庆府官吏认为工作量过于浩大，短时间内无法完工，彭大雅怒道："不把钱做钱看，不把人做人看，无不可筑之理。"两个多月后，城墙完工，彭大雅令人立四块大石于四门之上，大书："某年某月彭大雅筑此城，为西蜀根本。"此后四十余年，重庆一直是四川制司驻节之地，堪称西蜀基石。

1242年，淮东名将余玠出任兵部侍郎、四川安抚制置使，主持四川防线。余玠幼时家贫，"喜功名，好大言"，曾失手打死卖茶翁，遂投笔从戎，投靠在淮东制置使赵葵门下。淮东为长江屏障，历来是南宋设防的重心，余玠历经大小数十战，逐渐成长为独当一面的将帅之才，并在嘉熙三年（1239）的奇袭中一战成名。

金朝亡国后，蒙古在汴京大造战船，为渡江做准备。消息传到临安城，宋理宗大为恐慌，决定派出一支水上精锐，冒险深入敌后，捣毁战船器械，余玠便是这支奇兵的统帅。舟师从泗州出发，溯淮河西上，经亳州抵达汴京，奇袭造船厂，焚烧器械、船只无数。这次任务，本是一次有去无回的行动，余玠却能带领舟师全身而退，在朝堂上被传为佳话。

七月，宋理宗与朝臣为余玠送行，余玠豪情万丈："愿假十年，手挈四蜀之地，还之朝廷。"想来宋理宗也听说，余玠入蜀前，"十六年间，凡授宣抚三人，制置使九人，副四人，或老或暂，或庸或贪，或惨或缪，或遥领而不至，或开隙而各谋，终无成绩"。

余玠入川后，鉴于蒙古骑兵游走无定，川西平原又无险可守，采纳部将冉琎、冉璞兄弟建议，迁合州于钓鱼城上，并将"方山为城"之法推广到全川，建立山城防御体系。南宋山城大多坐落在依山傍水的山崖之上，平均海拔仅三五百米，却峭壁环绕，远比人造城墙险要，有的地方甚至可以凭借天险而不筑城，地质学上形象地称为"方山"。"方山"山顶平坦，周回数百十亩至数十里不等，有田可耕，有林可用，有水可饮，适合军队长期驻守，逃亡的百姓也来到山城耕作生息，又为军队提供了必要的粮草。

泸州神臂城，便是在这样的背景下创立的。春日的一个清晨，泸州合江县弥陀镇，我隔着长江，远眺对面的神臂山，江面经久不散的雾气笼罩着这座山城。长江从神臂山北面汹涌而下，流经西南，在山脚的神臂嘴绕了一个70°大弯，又翻滚着向东流去。神臂山如同一只手臂伸入江中，南、西、北三面均为江水环绕，只有东面有山路通往泸州。邻水的三面，江岸陡峭，怪石突兀，垂直高度达20米，有些地方高近百米，山下险滩众多，航行尚

雍村

鹅顶

苦竹隘

大获城

运山

云顶城

青居城

灵宵山

三龟城
九顶城

紫云

虎头城

神臂城

凌霄城

得汉城

平梁城

关赐山

荣城

石城

白帝城

礼义城

西柳关

牛头寨

平

图15-2 四川方山城堡分布图 （李菲/绘）

图15-3 神臂城三面环水，仅有东面与陆路相连。临江的三面全是悬崖峭壁，垂直高度均在20米以上，有的高达百米

且不易，更别说攻城了。淳祐三年（1243），知泸州曹致大率领军民依托神臂山修建城垣，古城东西长1.2千米，南北宽0.8千米，周长约3.3千米，设有东、南、西三道城门。浩浩荡荡的长江，固若金汤的城池，组成了牢不可摧的防线。

神臂城东城门的木制门楼早已不存，残存石砌的城门，城墙被青苔染成了青黛色，生出朵朵白色的石花。城门残存两层券拱，高260厘米、宽156厘米，外层券顶浮雕宝剑一把，内层雕有葫芦、铜钱。东城门左右各有一道数百米长的城墙，这是耳城，耳城下又各有一池水塘，分别唤作白菱池与红菱池，可能是当年的护城河。

图15-4 神臂城巍峨的城门与斑驳的城墙，尤在诉说着南宋末年那段金戈铁马的历史

当年怀安军城被攻破后，宋军转而在云顶山筑城，云顶山四面孤峰兀立，状如城垣，与沱江对岸的炮台山成犄角而立。云顶城形如一把拉开的弓箭，设有南城门、北城门、瓮城门、长临门、端午门、后宰门、小东门七座城门，一字扼守在"弓弦"之上。北城门券拱上，两行南宋小楷至今犹存："忠翊郎、利州驻扎、御前右军都统兼潼川府路将领都统使司修城提振官孔仙""保义郎、利州驻扎、御前摧锋军统制兼潼川府路兵马副都监、提督诸军修城肖世显规划"。宋蒙战争时期，利州都统司、潼川府、怀安军指挥所皆迁到云顶山上，山上驻军有八千人之巨。

图15-5 荒草萋萋的云顶城，这座古城的风云曾经影响了宋蒙战争走势

　　南宋末年，四川军民共建立了83座山城，或扼守在两江之汇，或坐落于险滩之旁，比如嘉陵江沿线的苦竹隘、大获城、运山城、青居城、钓鱼城、多功城，渠江沿线的得汉城、平梁城、小宁城、大良城，沱江沿线的云顶城、虎头城，长江沿线的白帝城、神臂城、天生城，等等，依托嘉陵江、渠江、沱江、长江，彼此之间互为犄角，组成了一条严密的军事防线。

　　四川制司曾有精兵十万，下辖四大戎司，即沔戎司、利戎司、兴戎司、金戎司，分别驻守沔州、利州、兴元、金州，蒙古入蜀后，四大戎司驻地皆已沦陷，驻军辗转流离，折损大半。余玠令沔戎司驻青居城，备嘉陵江；利戎司驻云顶城，备岷江、沱江；兴戎司驻钓鱼城，备嘉陵江、涪江；金戎司驻大获城，守护蜀口，同时放弃无险可守的城池，将府治、州治搬于山城上，令麾下庆定军、精锐军、武进军、保定军、飞捷军驻扎，收缩防线，据城固守，以免被蒙古铁骑各个击破。

图15-6 大良城残存着八道城门，分别为东门、（内外）南门、太阳门、长庚门、西门、月亮门及北门

图15-7 大良城的城墙，已经与树根缠绕在一起

图15-8 大良城南门

在这些山城面前，蒙古铁骑失去了速度优势，且山城之间以舟楫往来，又令不善水战的蒙古人吃尽了苦头。忽必烈幕僚姚燧在《中书左丞李忠宣公行状》一文中如是评价："宋臣余玠议弃平土，即云顶、运山、大获、得汉、白帝、钓鱼、青居、苦竹筑垒，移成都、蓬、阆、洋、夔、合、顺庆、隆庆八府州治其上，号为八柱，不战而自守矣。"

武将

淳祐元年（1241），大汗窝阔台病逝，此后蒙古陷入长达十年的混战之中，无暇南顾；山城防御体系的建立，也使得蒙古铁骑无法再像过去那样来去自如。四川战场局势日趋胶着，而淳祐年间的一次意外事件，又触动了宋朝脆弱的神经。

利州都统王夔历来恃功骄恣，不受节制，且为人贪财，每得富裕人家，即以酷刑敛财，蜀人苦不堪言，称其"王夜叉"。王夔还有个敛财高招，平时将军中战马圈养起来，遇到战事则高价卖给将士，朝廷虽然知晓，却也无可奈何。

余玠对王夔所为素有耳闻，一天深夜，他派人召集王夔来帅府议事，趁机将其诛杀。宋朝军队有个陋习，将领离任后往往由驻军自行举代，这一次，利戎司推举统制姚世安继任。余玠为革除军中弊病，派一金姓都统前往云顶城任职，姚世安闭门不出，公然违背帅令，此事遂不了了之。姚世安从此惴惴不安，当时云顶城云集了诸多官吏、百姓，丞相谢方叔子侄也在山中避难，姚世安以重金结交，暗地里搜罗余玠过失。

余玠经略西蜀多年，喜好结交官员，上奏给朝廷的奏折语气轻慢，令宋理宗颇为不快，王夔之死又给他留下独断专行的印象，这比蒙古人更令他如坐针毡。在参知政事徐清叟建议下，宋理宗一连发出几道庚牌，急招余玠回临安，庚牌刚刚发出，四川制司就送来余玠病重的消息。宝祐元年（1253），余玠郁郁而终（《宋季三朝政要》记为"饮药而死"）。

与其说余玠死于姚世安的谗言，倒不如说他死于宋朝对武将的态度。诚如清人王夫之在《宋论》中所言：宋家朝廷所最忌者，是孔武有力的武将，而非偷生邀宠的文生。宋朝军队一向羸弱，少有胜绩，武将也大多萎靡无能，一旦出现王德用、狄青、岳飞这样的名将，即想方设法防范，害怕"尾大不掉"。宋朝名将大多难得善终，余玠之死，只是换汤不换药而已。

云顶城瓮城门至今犹存，一棵榆钱树与城门盘根错节地生长在一起，苍虬的树根暴露在黄土之中，经年的风吹日晒，城楼已经垮塌，残存的券拱之上，"皇宋淳祐己酉仲秋吉日帅守姚世安改建"几个楷体大字历历在目。淳祐己酉是 1249 年，此时的姚世安依旧负责云顶城防务，对余玠的诋毁也源源不断从这里送到临安。

宝祐元年（1253）六月，宋理宗任命余晦为四川宣抚使。余晦令都统甘闰在紫金山筑城，不料被蒙军偷袭，几个月后即被狼狈地召回临安。《宋季三朝政要》记载，当年宋理宗任命余晦为宣抚使，连徐清叟都觉得太不恰当，认为余晦"素无行检，轻儇浮薄"，此举必定会招来蒙古人的耻笑。宋理宗的回答倒很是直白："数十年来未见执政缴回成命者。卿若固执，

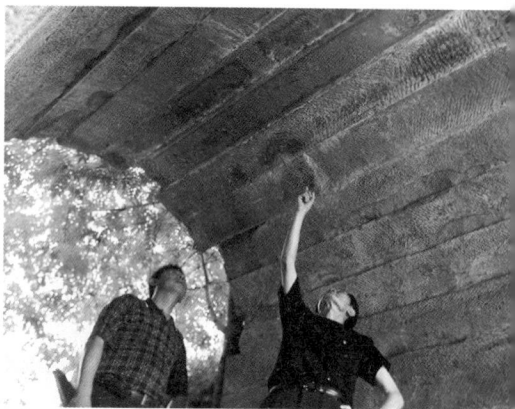

图15-9 金堂云顶城瓮城门，姚世安当年筑城题记历历在目

则庙堂之间、同列之义皆有不安，诏令已颁，决难反汗。"

诏令既下，岂能更改？与他的历代先祖一样，宋理宗相信，本朝的武将远比蒙古人更加危险。

背叛

1251年6月，托雷之子蒙哥在忽里勒台（即部落大会）被推立为大汗，这位好战的大汗一上台便调兵遣将，出征四方。蒙哥感于祖辈在南征北战中创立了不朽基业，意图剿灭南宋提高自己在蒙古贵族中的声望，于1258年2月发布伐宋的号令，一时间，诸王穆哥、穆都哥，驸马君不花，万户八里赤，阿速氏部将拔都儿、阿答赤，薛亦氏部将哈八儿秃，率领蒙古铁骑云集六盘山，北方四大汉将史天泽、张柔、郑温、董文蔚也率部应召。这也是蒙古侵宋以来，在四川战场最大的军事行动。

7月，蒙哥亲率十万蒙军由宝鸡入大散关，经汉中入蜀，浩浩荡荡杀将而来，山城防御体系遇到了前所未有的压力。颇具讽刺意味的是，这些山城被攻破的不多，投降的倒不少，运山城便是这样一座山城——它不乏宋人的血性，更多的却是背叛。

运山城地处蓬安县河舒镇，创建于南宋淳祐三年（1243）。1246年夏天，余玠视察运山城，发现城池守备不严，责令守将杨大渊加固。运山城曾有块《南宋移治碑》，原碑已毁，从明正德《蓬州志》收录的碑文来看，运山城"自东至南门，西至北门，宏创敌楼，辅以更楼，凡五十余座。明年筑大蓬坎之基，三敌楼雄架其上。又明年，改辟东门。悬峭千尺环城，装势具矣"。更楼是古时击鼓报更的建筑，这里似乎解释为窥视敌军动向的城楼更合适，运山城有敌楼、更楼五十余座，可谓戒备森严。

淳祐十年（1250），蒙军大将汪德臣与其弟汪直臣屯兵运山城下。汪德臣之父是金朝大将汪世显，金亡后归降蒙古，汪德臣十四岁时陪太子游猎，矢无虚发，征蜀以来所向披靡，是蒙军有名的急先锋。汪德臣亲率大军攻城，宋军飞石、流弩密如流星，汪德臣坐骑被飞石击中，汪直臣则在运山城下丧命。

宝祐二年（1254）秋，宋将张大悦接替杨大渊镇守运山城，蒙军再次在运山城东门外扎下大营，许是看到城坚兵强，主将指挥得当，悄然退军。此事传至朝廷，见到西蜀居然有"不战而屈人之兵"的爱将，宋理宗金口一开，令工匠勒石记功，这块石碑，便是著名的《宝祐记功碑》。

出乎所有人的意料，就是这样一位被南宋王朝寄予厚望的守将，却在1258年以运山城投降蒙军，封咸安郡侯。此事在南宋朝廷引发了一场轩然大波，运山城从宋军的方城变成蒙军的帅府。

东城门旁的岩壁上，《宝祐记功碑》至今尚存，我站在碑下，凝视着这块尴尬的宋碑："宝祐甲寅秋八月，今制使西清蒲公檄三泉，张侯大悦摄蓬郡，民安其政。越明年夏，复值鞑侵入，伺东门弥旬，意叵测。侯不

图15-10 1256年，南宋军民在运山城东门刻下《宝祐记功碑》，记载了宋将张大悦守城的故事，不想几年后张大悦即转投蒙古

恃险而忽备，惟整禁以待之，竟不果犯，引去……"张大悦初到运山城整理战备，颇得军民支持，碑文也不吝赞美之词，不知披上了蒙军盔甲的张大悦，再看到运山城中这块为他歌功颂德的碑文，该会作何感想？《宝祐记功碑》如同一记响亮的耳光，打得南宋王朝面红耳赤。（图15-10）

同样在1258年，青居城，宋裨将刘渊杀都统段元鉴投诚；大良城，守将蒲元圭献城出降；运山城竟与青居城、大获城、大良城一起，并称蒙军"四大帅府"。云顶城守将姚世安未见什么战功，钩心斗角、阳奉阴违的本事倒不少，稍遇进攻便开城请降，《元史》轻蔑地记录了这次投诚："守将姚某等以众相继来降。"

投诚与背叛如同瘟疫一样在四川战场蔓延，守将叛逃者数不胜数。宋太祖赵匡胤的皇位得于行伍，坐上龙椅后即以"杯酒释兵权"瓦解武将权

力，对武将颇为猜忌，重文轻武思想早已侵入骨髓。宋朝的国策是把双刃剑，一方面抑制了五代的赫赫武风，另一方面却又造成了武将的集体萎靡，武将得不到认同感，稍遇挫折，即纷纷走上投诚之路。病态的国策，最终令宋人咽下苦果。

当年营造运山城的杨大渊，后移镇苍溪大获城。杨氏一门，杨大渊与兄大全、弟大楫同为宋将，杨大全曾是抗蒙名将曹友闻麾下统制，仙人关失守后来到叙州（今四川宜宾），淳祐二年（1242）十二月，蒙将按竺迩攻叙州，杨大全以身殉国，二子文仲、文安投靠杨大渊。

1258 年 11 月，蒙古军至大获城下，杨大渊惧，派儿子文粲出城请降。杨大渊兄长杨大全死于蒙古人之手，国仇家恨，为何他却甘愿走向背叛？当时的大获城，不仅有守城将士、避难百姓，其弟大楫，其子文粲，其孙应之，其侄文仲、文安皆在城中。不知道是否是家族的血脉令杨大渊放下了手中的兵器，用一座城池换取了整个家族的性命以及荣华。

撕掉了遮羞布，杨氏家族再无顾忌，二十年中，杨大渊、杨大楫与子侄们南征北战，先后攻破赤牛城、天生城、皇华城、白帝城、绍庆城等，擒获宋将黄文才、路钤、高坦之、赵章、韩明、鲜龙等五十四人，杀宋将何艮、何威、王智、梁富、庞彦海、上官夔六人，招降卢埴、蒲元圭、蒲济川、鲜汝忠、谭汝和、杜赋、袁世安等，对四川战场的走势产生了决定性影响。

三十八岁那年，已是骠骑卫上将军、宣抚使的杨文安将自己的城池、山寨，绘成地图进献给朝廷，忽必烈感慨万分："汝攻城略地之功，何若是多也！"不知道这位战功赫赫的将军，可曾听说，在他两岁时，父亲杨大全惨死于蒙军之手？

鏖战

1259 年初，在陆续取得沿线的苦竹隘、大获城、运山城、青居城、大良城后，诸路蒙军黑压压地云集在钓鱼城下。在欧洲某些历史地图中，往往不标出重庆、成都，只注明钓鱼城，这座南宋城堡下的风云变幻，对中国乃至世界历史都有着深远影响。

南宋的方山城堡，以合川钓鱼城为中心，这里不仅临近四川制司大营重庆，地形上也奇险无比。嘉陵江与东北来的渠江在渠河嘴相汇，流经合川城，又与西北来的涪江汇合，形成"巴"字形大水湾，如同口袋，将钓鱼城灌在其中。钓鱼城东、南、北皆有江水环绕，西倚华蓥山，海拔虽只有 300 米上下，却"倚天拔地，雄峙一方"。明万历《合州志》中，无名氏所作的《钓鱼城记》如是记载：

> 山在州治之东北，渡江十里至其下。其山高千仞，峰峦岌岌，峯然可观。其东南北三面据江，皆峭壁悬崖，陡然阻绝。修城之后，凿山通路，路曲次之，方可登临。其西南稍低，于此筑城，高二十仞。城之门有八，曰护国、青华、镇西、东新、出奇、奇胜、小东、始关。其山周回四十余里。

1254 年，悍将王坚镇守钓鱼城，又征发石照、铜梁、巴川、汉初、赤水五县十七万百姓，对城池进行加固，加上山体的天然高度，城垣高数十至百米上下，在八座城门加筑城楼，并在小东门、出奇门旁各筑城墙伸至江边，名为"一字城"，如利剑般截断嘉陵江主航道。王坚还令人在山上建造水池，名为天池，泉水四季不涸，又开小天池十三所，井九十二眼，即便被围攻也有充足的水源。南宋年间的钓鱼城，堪称"人物愈繁，兵精粮足，兼或城池之利"的军事重镇。

图15-11 重庆合川钓鱼城被嘉陵江、涪江、渠江三面环绕，不但是军事要塞，还保留着大量的名胜古迹，这是摩崖三绝之一——古钓鱼城

图15-12 钓鱼城新东门

图15-13 九口锅遗址是古钓鱼城中我国历史上最早的兵工厂，是用来炮制火药的石锅遗址，处于钓鱼城山头的一大片岩石上

宋代

在重庆市合川区到钓鱼城的盘山公路上，钓鱼城历史博物馆馆长池开智说，我们已经迈进巴蜀历史上最固若金汤的城堡，时间回到宋代，没有一支军队能在这里通行，连最剽悍的蒙古铁骑也不例外。窗外，磅礴的雾气使得嘉陵江笼罩在萧瑟的氛围之中，江水浑浊不堪，湍急的浪花流过浅滩，拍打在暗黄色的江心洲上。

七百多年前，或许也是这样一个阴冷的日子，蒙古大军陆续云集在钓鱼城下：先锋汪德臣率军潜伏在城西，伺机夺取外围山寨；万户史天泽列阵，封锁嘉陵江；河南新军万户郑温率领四千精兵巡逻，切断钓鱼城与周围山寨的联系；李忽兰吉领战船两百艘，夺取宋军粮船。几天后，完成部署的蒙军对钓鱼城奇胜门、护国门、小东门、镇西门发动了潮水般的攻势，但均被击退。此后大雨连续下了二十多天，迫使蒙军暂停攻击，内三层外三层将钓鱼城围得水泄不通。

战不能胜，蒙军试图偷袭。在一个叫马鞍山的地方，有一年，盘山公路塌方，露出一个洞口，当时还以为是座大墓，后来坑中出土了大量礌石、石磨以及碎瓷片，这才发现原来是条地道。宋代不乏"地道战"先例，比如河北省永清县地下就隐藏着纵横数百里的砖砌地道，这是宋朝为防御辽国的地下防线。史书记载，蒙古军队常常在攻城时以地道奇袭，大多学者相信，这条地道的开凿者正是蒙军。

跳进一个深约 2 米的土坑，手脚并用爬上 5 米远，前方已没有一丝亮光。我燃起蜡烛，借助微弱的烛光，石壁上的凿痕历历在目。洞外，池开智大声提醒我注意两壁的凿痕，凿口对着钓鱼城，也就是城外的蒙军挖了这条地道。地道两边高，中间低，如同倒立的汉字"凸"，宽约 1.5 米，两人并排也能快速通行。这条地道所起到的战略效果，史料并未有记载，不过从它已被礌石、石磨填塞来看，显然已被宋军察觉了。

在一座孤城下被困长达四个月之久，使得一向战无不胜的蒙古将士颇为懊恼。6月，立功心切的汪德臣单骑到城下喊降："王坚，我来活汝一城军民，宜早降。"话音未落，被飞石击中，死于军中。汪德臣之死令蒙哥大为恼怒，他令人在龟山堡修建高台，上建桥楼，楼上竖起桅杆，上架木车，欲一观城中虚实。木车刚升起来，城上火炮、飞石宛若雨下，桅杆被打断，蒙哥为炮风所震（也说被礌石击中），在送往重庆缙云寺的半路上一命呜呼，临终前留下遗诏："我之婴疾为此城也，不讳之后，若克此城，当尽屠之。"

金庸小说《神雕侠侣》第三十九回"大战襄阳"中，描绘过襄阳城下的一场大决战。蒙古南北两路大军夹攻襄阳，在城外筑起十余丈高的高台，国师金轮法王将郭襄绑上高台，胁迫郭靖投降。黄药师、周伯通、一灯大师布置"二十八星宿大阵"，出城迎战；危急关头，杨过乘大雕赶到，救了郭襄，转而上马冲到蒙哥面前，拾了拳头大小的石子，"呼"的一声掷出，蒙哥倒地毙命。其实，金庸把钓鱼城战役搬到了襄阳城，历史上的蒙哥死于钓鱼城下，打死蒙哥的也不是大侠杨过，而是宋将王坚。

大汗的惨死激起蒙军疯狂的报复欲望，根据《马可·波罗游记》中的记载，蒙军护送蒙哥灵柩北归，见人就杀，沿途惨死者竟达两万余人。蒙哥死后，十万大军陆续撤离钓鱼城，其弟阿里不哥图谋帝位，忽必烈其时正领兵攻打鄂州，匆忙引兵北还，行至蒙古开平府，决定先发制人，自立为大汗，这就违反了蒙古召开忽里勒台推举大汗的传统，大草原重新陷入战乱之中，忽必烈用了五年时间才重新统一蒙古各部。蒙古退军也使得南宋王朝又苟延残喘二十余载，宋理宗和他的大臣们在一派歌舞升平和蟋蟀在竹筒的争斗声中，继续过着骄奢、闲散的生活。

而西征的旭烈兀，一路剿灭了木剌夷（今伊朗），攻占黑衣大食国都八哈塔（今伊拉克首都巴格达），此时正在与埃及作战。为争夺汗位，旭烈兀令大将怯的不花率领两万蒙军镇守叙利亚，自己率大军匆匆东还。怯的不花在阿音·扎鲁特草原遭埃及军队设伏，两万蒙军几乎全部遇难，饱

宋代

受蒙古铁骑蹂躏的西亚人与他们的国度、文明，才得以在战火中保存下来。倘若不是蒙哥在钓鱼城下殒命，蒙古与埃及之间孰胜孰负犹未可知，世界历史恐怕也要改写。

此后，蒙军又对钓鱼城发动了不下数十次进攻，却始终无法以武力征服这座城池。此时方山城堡或降或陷，或围或困，钓鱼城如独木般支撑着大宋王朝破败的疆土。明人邹智曾言："向使无钓鱼城，则无蜀久矣。无蜀，则无江南久矣。宋之宗社，岂待崖山而后亡哉！"

丹青

蒙哥殒命后，四川军民迎来了短暂的宁静，此后四川又修筑了若干山城，比如重庆多功城。多功城扼守翠云山巅，山形如同"凸"字，峭壁林立，不易攀登，设有东、西两道城门，西城门券顶之上，"端明殿学士大中大夫四川安抚制置大使朱"楷书题记至今犹存。（图15-15）四川诸多安抚制置使中，姓朱的只有朱禩孙一人，宋度宗咸淳六年至十年（1270—1274）主持四川防线。当年，在成都虎口脱险的朱禩孙，历任知泸州兼潼川路安抚、四川制置使，他效仿余玠，在蜀中遍筑山寨、山城，甚至上书朝廷请求以俸禄犒赏三军，被誉为余玠之后的西蜀良将。

长宁凌霄城则是朱禩孙为抵御从云南北上的蒙军增设的，它也是最后一座被攻破的山城——就算南宋已然灭亡，凌霄城仍未放弃抵抗。这座血性十足的山城，引起了我的浓厚兴趣，不过探访之路却是艰难无比。在宜宾市长宁县梅硐镇，当地人告诉我，凌霄城上的住户早在20年前便搬下山来，山顶满是荒草与腐叶，山路那么多年没人走了，荆棘密布不说，许多路段可能垮塌了。他们说的一点不错，凌霄城并不热情，迎接我的，唯有阴雨、青苔、毒蛇和仅容一人通行的山路而已。这座曾经威震四川的山城，用这

图15-14 江北多功城扼守在重庆翠云山
上，城墙呈一个闭合的葫芦形

图15-15 江北多功城城门
拱券上，宋代题记犹存

样的方式将自己封存于深山中。

700多年前的一天，一队风尘仆仆的兵马来到凌霄山，为首的武将是南宋长宁军守臣易士英。连日来，易士英与部将遍访长宁军境内山川，试图寻找一处同钓鱼城、云顶城那样的方山，修筑城堡，以抵御从云南北上的蒙军。易士英的长宁军，主要负责今长宁县、兴文县一带防务，蒙军攻蜀数十年来，长宁军并非正面战场，因而少有战事。1253年，忽必烈突率蒙军南下云南攻灭大理，史称"斡腹奇谋"，此举使得四川宋军大有被南北夹击的风险，原本风平浪静的长宁军也在此时被推到了前线。

易士英与部将最终选择在凌霄山筑城，此山海拔1001米，四面悬崖绝壁，

宋代

图15-16 凌霄城如同一只皇冠，横亘在山巅

　　仅有两条山路可以上山：一条与仙峰山相连，连接处有条宽达数丈的天然裂缝，人称"断颈岩"，过去仅有吊桥相通；另一条虽无这般天险，山路却在悬崖上盘旋，百折缭绕，人称"四十八拐"。

　　"四十八拐"岩壁至今仍保存着一面高 2.52 米、宽 1.53 米的《南宋建城纪事》题刻，记录了凌霄城筑城始末："宋宝祐乙卯年，鞑贼自云南斡腹。越明年，制臣蒲泽之以天子命，命帅臣朱禩孙措置泸叙长宁边面。又明年，城凌霄，为屯兵峙粮、出攻入守据依之地。闰四月经始，冬十月告成。长宁守臣易士英任责、潼川路总管朱文正督工。"

　　脚下的这条小路，铺的不是石板，而是比马蹄大一点的石块，野草、蕨类植物从石块缝隙间疯长，遮住了原本就不清晰的古道。古道许多地方业已垮塌，无路可走，我只能攥着野草，猫着腰跳到不远处的石块上，这个动作需要精准，一旦失足，脚下便是数百米高的悬崖。山中多雨，云雾在山中翻滚飘荡，一如当年风起云涌的历史。

正午，在经过四个小时跋涉后，我终于看到了凌霄城，它已迫不及待地向我展示它森严的堡垒。暗黄色的城墙在青碧色的树木与杂草中时隐时现，凌霄城如同国王的王冠，盘踞在山巅，威严而不失气度。而它也无愧于"王冠"的美誉，在南宋末年四川83座山城中，凌霄城是最后一座沦陷的山城，就算蒙军已经攻占了临安城，却依旧对它无可奈何。

凌霄城的王者之气还体现在城垣上。从我所在山头看过去，一排排长达数米至10来米、宽1米有余的长条石围绕城垣，在我所见的山城中，其工程量最为浩大，如果不是仔细观看，你甚至以为那是天然岩壁。巨大的石块如何运上山，又如何垒成城墙？千年前的历史令人如坠云端，谁也无法给出准确的答案。唯一可知的是，宋理宗得知凌霄城筑成后龙颜大悦，旋即下诏嘉奖："易士英特带行阁门宣赞舍人，……将士支犒有差。"

凌霄城的战事，史书并未有太多记载，从云南入侵的蒙军同样因为蒙哥之死退兵，长宁军之围遂解，而背叛，又再次将宋朝推向深渊。神臂城守将刘整，原籍京兆樊川，随孟珙攻信阳城时，率十二勇士夜擒信阳守将，人称"赛存孝"（唐代李存孝曾率十八骑拔洛阳）。

刘整入蜀后累建战功，南宋武将对这位"北人"颇为嫉妒，又以四川制置副使俞兴最甚，打算找个借口把刘整除去。闻得风声的刘整在几次托人斡旋无果后，于1261年6月举起了叛宋降元的白旗，以15个州郡、30万户投诚。当年，神臂城公堂之上，刘整宣布"为南者（南宋）立东庑，为北者（蒙古）立西庑"，颇具讽刺色彩的是，27名文臣武将居然齐刷刷地站到了西庑。刘整被任命为都元帅，为蒙古操练七万水军，使得南宋王朝再无水师之利，胜利的天平彻底倒向了蒙古。

此后的战事早已远非凌霄城所能左右，蒙古大汗忽必烈听取刘整建议，将襄阳作为主攻重心，并于 1269 年攻取襄阳，取得了这处被誉为"南宋咽喉"的重镇。1274 年 9 月，元军统帅伯颜统率 20 万大军，号称百万，兵分三路伐宋。次年，元军进逼军事重镇江陵，此时朱禩孙已升任京湖、四川宣抚使兼知江陵府，面对汹涌的蒙军，他先是企图服毒自尽，未遂后以江陵府降元，并号召属下归附。不知道此时的朱禩孙是否还会想起他在成都城中的泣血之痛。

1276 年，元军攻破临安城，太皇太后捧着玉玺投降；1279 年，崖山海战之后，陆秀夫背着赵昺投海自尽；同年，钓鱼城十万军士降元，忽必烈不得不违背蒙哥遗诏，下诏保全城中百姓安全，十万余军民以体面的方式告别了他们曾经为之鏖战了数十载的国度。

出人意料的是，就算得知朱禩孙已叛，得知南宋已亡，得知钓鱼城已降，凌霄城中的南宋将士，仍以一介孤城抵抗元军，直至 1288 年与长宁军同亡。在很多学者看来，钓鱼城的湮没意味着山城防御体系的崩塌与四川战场的沦陷，现在看来，这并不客观，凌霄城或许才是山城体系的终点，将宋朝血脉悲壮地延续了九年。

从 1236 年蒙军入蜀，到 1288 年凌霄城被攻破，历史的车轮驶过了半个多世纪。被誉为"上帝之鞭"的蒙古铁骑是 13 世纪最恐怖的军事力量，史料显示，蒙古大军仅用了五年，便征服了西辽和花剌子模国；用了八年，征服波斯和幼发拉底河以北地区，建立伊尔汗国，西夏、金朝也在蒙古铁骑面前纷纷亡国，而历来给人留下孱弱印象的南宋却抗击蒙古超过了半个世纪，不得不说这是世界战争史的奇迹。南宋与蒙古之战，以四川战场持续最久，也最为惨烈，面对着虎狼之师，这些山城并不落于下风，却无法挽救南宋走向灭亡的命运。

从某种程度而言，四川盆地的方山城堡，赢得了战争，只是输给了历史。

明清

成都

嘉
陵
江

岷
沱
江

大
渡
河

江

江

长
江

金
沙
江

16

王玺家族墓出土金耳坠

绵阳市平武县报恩寺，始建于明正统五年（1440），
是中国现存结构最完整的明代寺院，也是唯一一座
纯楠木营造的寺院。隐于西南一隅的报恩寺，堪称
中国建筑史的匠心独运，而层出不穷的谋逆传说，
又使得它笼罩着层层迷雾。

292

报恩古寺

皇宫、寺院与家庙

既是土官不为例，准他这遭

大明正统三年（1438）秋日，一支衣着艳丽的番人队伍，缓缓走出龙州城（今平武县）城门，踏上了前往京师的漫漫征途。人群中有位眉清目秀、气宇轩昂的男子，他叫王玺，龙州宣抚司金事，此次赴京，王玺领着下辖的番人首领例行朝拜、进贡，倘若运气够好，他们还能留在京师过春节，赏花灯。

龙州地处藏彝走廊东缘，龙门山脉的余脉箭楼山与发源于雪宝顶的涪江之间形成一个坝子，城池就坐落在坝子里，四周高山环绕，自古便是多部族融合之地，战略位置极为重要。在明朝，龙州设有东迎晖、南清平、西通远、北拱宸四座城门，东、西两座城门上，分别建有迎恩楼与镇羌楼，从这两个名字就不难看出，招安与战争，一直在这片土地上交织着。

龙州城里的百姓对这位宣抚司佥事并不陌生，龙州城里有三大土司，宣抚司宣抚使薛忠义、宣抚副使李爵与佥事王玺，又以这位王土司最能征善战。自宣德三年（1428）接任土司之位以来，王玺就展现了出色的军事才能，宣德八年（1433），松潘、茂县、叠溪等地部族叛乱，薛怀忠率领一千多名士兵，前往木瓜坪配合明军作战，"悬岩履险，攀木附藤，渴饮马溺，革山开炮"，王玺随军出征，身率士卒直捣黄龙，最终剿灭叛乱。这场战役之后，三大土司均因战功得到嘉奖，王玺则从从七品的州通判，升为正六品宣抚司佥事、昭信校尉。

十二月，朝贡的队伍来到了京师。正统三年是明英宗朱祁镇在位的第三个年头，这位九岁登基的小皇帝，依例接见了各地前来觐见的土司。此次进京，王玺尚有一事未了：龙州城中的观音院规模狭小，年久失修，州中有部明太祖御赐的《大藏经》无处安放，王玺准备上奏朝廷，在龙州新修一座寺院。早在宣德年间，薛土司就上奏朝廷，在龙州城里修了座佑圣宫，作为家庙，王玺此举，看来也有与薛家一争上下的意思。

明朝对于民间新修寺院，一向颇为谨慎，除非皇帝亲自颁发圣旨，借此强调儒学独尊地位。按照惯例，王玺的奏折先上呈到僧正司，再由僧正司转呈朝堂，此时明英宗尚幼，朝廷大事皆依赖司礼太监王振决断，而王振又一向佞佛。可以想象，在王玺奏请修建寺院的过程中，王振或许起到了关键作用。有意思的是，几年后，王振也在京师创立了一座家庙——报恩智化寺。

大约正统四年（1439），明英宗的圣旨从京师送到了龙州城，圣旨只有寥寥数语：既是土官不为例，准他这遭。《明实录》中，"既是土官"这四个字时有出现，对于镇守边疆的土司，明朝一向给予优待，更何况王玺将寺院命名为"报恩寺"，既为皇帝祝延圣寿，也将朝廷的恩泽如同雨水一样洒在王国的边陲。

中国最完整的明代寺院

五百多年后，龙州已更名为平武，巍峨的迎恩楼与镇羌楼也早已消失，唯有报恩寺尚矗立在城中。还未走近，远远就能看到天王殿古朴的歇山顶，如同古老的青铜钺一般，上翘的戗脊上，马、羊、兔等脊兽落寞地站着，中国人也称它们"五脊六兽"，比喻百无聊赖之人。微风吹过檐下的风铃，空灵的铃声回荡在古城上空。

报恩寺地处平武县城东北，背依箭楼山，坐西向东，东西长278米，南北宽100米，总面积约27800平方米，建筑面积3518平方米，由山门、天王殿、大雄宝殿、万佛阁在中轴线上层层递进，两侧辅以大悲殿、华严殿以及对称的碑亭。在明代，报恩寺的规模更为恢宏，寺中镌刻于明正统十一年（1446）的《敕修大报恩寺碑铭》，即记载了寺院布局：

图16-1 戗脊上的脊兽，中国人也称它们"五脊六兽"

殿宇深峻，阶墀轩敞。殿之前，则有天王殿、三桥、山门、二狮、二幢、钟楼，而极其华美。殿之后，则有万佛楼、二亭、戒台、龙神祖师之堂，而极其壮丽。殿之东西，峙以大悲殿、轮藏殿，而翼之廊庑。楼之后，则环以方丈，僧寮、斋厨、库舍，悉完整清洁。

中国明代寺院数目不少，单是四川，就有新津观音寺、蒲江河沙寺、新繁龙藏寺、广汉龙居寺等，这些寺院大多仅存中殿，布局已不完整。相比之下，平武报恩寺结构基本完好，连经幢、狻猊石雕、钟楼、碑亭也保存至今，甚至连殿中的三身佛、千手观音、转轮经藏都是明代原作，体现了宋元形制向明清的过渡，也是迄今中国结构最完好的明代寺院之一，堪称建筑史上的"活化石"。

当年，从京师返回龙州后，王玺即开始了营建报恩寺的准备。来自京师的能工巧匠，被延请到偏僻的龙州；数不胜数的珍贵楠木，从山中砍伐回来，码成了小山；一车车琉璃瓦当，被运送到龙州……

正统五年（1440），报恩寺正式动工。平武当地流传着一则传说，王玺因战功卓著，朝廷赏赐了四万两白银，这也是王家修建报恩寺的资金来源。1974年与1979年，王玺家族墓在平武县古城乡小坪山被发现，两次发掘共出土了396件文物，其中金器129件，包括大量金钿、金簪、金戒指、金镯、金带饰、金耳坠等。王氏家族世代出任土官，传至王玺已有十代，官位虽不高，家境却颇为殷实。（图16-4）

报恩寺的修建也得到龙州上下的鼎力支持，寺中镌刻于明正统十一年（1446）的《敕修大报恩寺功德之记》，即叙述了这段历史。两任宣抚使薛忠义、薛公辅与副使李爵捐资彩塑大雄宝殿三身佛，李爵还舍出四亩山地作为寺产；舍人薛忠恩出资塑大悲殿千手观音，百夫长薛忠信及其子薛志冕出钱塑了千手观音前的圣父圣母，龙州城里的官吏、将校、士兵、僧侣、

图16-2 脊兽林立，斗拱精妙

图16-3 平武报恩寺结构完好，是中国寺院宋元形制向明清过渡的典型

①

②

③

④

⑤

⑥

图16-4 王玺家族墓出土金器:
①②金耳坠;③金簪;④⑤⑥分心;⑦"仙宫夜游"分心;⑧金龙

商贾、文人、士民也纷纷捐资,"妆塑有差,不可枚举"。天顺四年(1460),报恩寺最终完工,此时距离王玺建报恩寺,已经有二十个年头了。

斗拱、观音、经藏,报恩寺"三绝"

中国的寺院往往始于山门,这也是寺院第一道大门。报恩寺山门长24.55米,进深9.5米,正门上方悬有"敕修报恩寺"匾额,相传为明代四川状元杨慎手书。山门外,两只雄健的石狻猊掩映在树丛中。俗话说,龙生九子,狻猊是其五,它形似狮子,平时喜静,就到了山门前护卫寺院。

迈进山门,迎面而来是三座并列的石拱桥,跨度8米,连接山门与天王殿,拱桥望柱柱头雕刻云纹、火焰纹,栏板浮雕人物山水、亭台、花卉,中间的桥面宽2.7米,铺白色团花琉璃砖;左右两桥宽2.6米,铺小青砖。小桥流水,碧波荡漾。

报恩寺三进院落,第二进由大雄宝殿、大悲殿、华严殿组成。大雄宝

图16-5 报恩寺有斗拱2730朵，堪称"斗拱博物馆"

殿面阔 28.36 米，重檐歇山顶上，绿色、黄色、黑色的琉璃瓦五彩斑斓。厚重的七彩重拱计心造斗拱环绕屋檐，修长的昂嘴上跳，夕阳斜照，将一朵朵斗拱染成金黄色。

斗拱是中国建筑特有的构件，"斗"是斗形的木垫块，"拱"是弓形的短木，环环相扣，如蟒蛇缠绕。昂也是斗拱一部分，它是斜置的木构件，前端有尖形的昂嘴，昂尾巴压在木檩上起杠杆作用，《营造法式》中的昂，因位置不同，有上昂与下昂之分。露出檐下的昂嘴，原本只是简单的构件，历代能工巧匠却动了不少脑筋，将其雕刻成三伏云头、卷草叶头等样式。报恩寺的昂嘴就更特别了，工匠别出心裁雕成象鼻形，远远望去如同群象林立，又给森严的建筑添加了一丝生趣。

步入报恩寺，恍若走进"斗拱博物馆"。整个报恩寺有斗拱 2730 朵，分布在大雄宝殿、大悲殿、华严殿、万佛阁、天王殿、钟楼、转轮经藏上，琳琅满目，却又不尽相同。钟楼的斗拱为五踩双翘计心造，天王殿为七踩重拱计心造，大悲殿上下檐斗拱各不相同，上檐为七踩双下昂计心造，下檐则为三翘七踩计心造……

大雄宝殿两侧，左为大悲殿，右为华严殿。大悲殿正中供奉一尊高约 9 米的千手观音，头戴花冠，璎珞遍体，全身贴有金箔，身后密布 1004 只手，手心各雕慧眼，手中持有宝瓶、宝珠、宝印、宝塔、玉环、杨枝等各式法器，左右环绕，上下重叠，巧妙地形成十五道圆弧，宛如莲花盛开。令人称奇的是，千手观音由整根楠木雕凿而成，身躯完工后再接出千只手臂，可以想象其工艺有多复杂。（图 16-6）

"汶川大地震"中，报恩寺墙体、屋顶受损，也迎来了首次大修。工作人员发现，报恩寺内的古建筑，不但柱、额、梁、枋、檐、檩用楠木建造，就连转轮经藏、佛像也全部用楠木雕凿，在中国可谓独一无二。

自古以来，楠木皆为名贵木材，就算是故宫，也只有部分殿堂才用楠

图16-6 千手观音高约9米，头戴花冠，璎珞遍体，身后密布1004只手

图16-7 转轮经藏，也称大藏或经藏，由藏座、藏身、天宫楼阁、攒尖顶构成

木，而报恩寺竟是纯楠木建成，王玺为何能获得这么多楠木？明代朝廷皇木采办，尤其是巨大的楠木、杉木，主要来自四川、湖广、贵州三省，仅嘉靖三十六年到三十七年间（1557—1558），就开采楠木、杉木 11280 株。据薛土司的《薛氏总谱》记载，当年龙州宣抚司曾承担了开采皇木的任务，身为佥事的王玺自然对楠木分布了如指掌，这才有可能购置如此多的楠木。

华严殿与大悲殿南北对称，结构、面积大体相同，面阔 20.5 米，高 16.35 米，也是一处十六柱重檐歇山顶建筑。华严殿正中，一座高约 11 米的转轮经藏直插房顶，上小下大，形似一座恢宏的佛塔。转轮经藏由藏座、藏身、天宫楼阁、攒尖顶构成，藏身高 3.3 米，八个翼角下各立檐柱，檐下又饰垂帘柱，镂空雕出额枋、雀替；天宫楼阁每面中央设有龟头屋（即抱厦）一间，左右以夹屋相连，夹屋两侧又有角殿。方寸之间，廊宇重重，令人感叹工匠出神入化的手艺。（图 16—7）

转轮经藏，也称大藏或经藏，中国的寺院历来有保存经书的传统，藏经之器就是经藏，当年，王玺即以此来安放《大藏经》。宋人李诫在《营造法式》一书中记载，经藏有"壁藏"与"转轮藏"两种形式，转轮藏传说由南朝萧梁时的傅翕所创，推动一圈，有如诵经说法，也可加速通风，达到防潮、防蛀的目的。

报恩寺的转轮经藏，今天依旧能徐徐推动，且运转自如，没有任何异响，这也是中国保存最好的一座转轮经藏。清代寺院大多修建藏经楼、藏经阁，转轮经藏也就很少看到了。

如鸟斯革，如翚斯飞

万佛阁与碑亭构成了报恩寺最后一进院落，碑亭左右对称，造型奇特，八只翼角上翘，如同飞鸟在空中飞舞，一如《诗经·小雅》中的"如鸟斯革，如翚斯飞"。碑亭下层立有十六柱，平面为正方形，中间四柱上升，支撑上层的正八边形屋顶，屋顶的翼角朝向正方形，并非传统古建筑中抹去四角的样式。如此独特的构造，堪称孤例。

碑亭中央，两块明碑古朴肃穆，这便是著名的《九重天命碑》与《万乘皇恩碑》：

> 奉圣旨：既是土官不为例，准他这遭。钦此。钦遵修理报恩寺一所，转轮藏一座，完备安放藏经，祝延圣寿。具本谢恩外。

> 敕修古刹道场额壹拾肆处，钦此。钦尊。外天宁寺、华严寺、石马寺、长惠寺、巴潼寺、常乐寺、石室寺、观音院、龙归寺、东皋寺、广福寺、罗汉院、旧州寺、大萌寺。

明正统十一年（1446）十一月，报恩寺主体建筑业已落成，王玺令人在寺中建造两座碑亭，找来工匠镌刻碑文，将明英宗的圣旨镌刻其上。从碑文来看，明英宗还恩准建了十四座规模略小的寺院，作为报恩寺的脚庙。当时的龙州应是晨钟暮鼓、梵音缭绕。

景泰三年（1452），王玺去世，其子王鉴继任宣抚司佥事，续修万佛阁，这也是报恩寺中最高、最大的建筑。万佛阁高24.5米，平面呈回字形，是一处五开间重檐歇山式楼阁，底楼正中彩塑释迦牟尼坐像，他慈眉善目，方颐大耳，似乎正为众生讲经说法，左右站立迦叶、阿难等十大弟子，身后彩绘八大金刚与四菩萨，佛前站立两位柳眉杏眼、身着长袍的文官——王玺、王鉴父子。（图16-8、9）

万佛阁二楼平时铁门紧锁，并不对外开放。文管员打开木门，阳光掠过厚重的昂嘴，透过格子门的窗格，洒在殿堂之中，墙壁上的《诸天礼佛图》渐渐清晰起来。《诸天礼佛图》描绘了二十四诸天礼拜释迦牟尼佛的场景，

图16-8 在万佛阁，主佛为释加牟尼像，王玺、王鉴父子佛前站立，柳眉杏眼、身着长袍

图16-9、10 万佛阁释迦牟尼与十大弟子

明清

图16-11 万佛阁二楼彩绘"二十四诸天"

图16-12 《诸天礼佛图》中，员外、儒生、僧侣、工匠也加入了礼佛的队伍

图16-13　"二十四诸天"之东岳大帝

大梵天头戴八梁冠，身着龙纹广袖长袍，手捧香炉；摩利支天三头八臂，手中持日、月、剑、弓箭等；雷公肤色黝黑，手持大椎，腕悬鼓槌。线条刚劲，笔法娴熟，堪称四川明代壁画的精品。

有意思的是，诸多天神中，还夹杂着几位头戴六梁冠、身着紫衣的官吏，他们手持笏板，环首顾盼，此外，员外、儒生、僧侣、工匠也加入了礼佛的队伍。大多数学者相信，他们便是参与修建报恩寺的土司、僧侣与百姓，也将自己的形象留在壁画中，并最终成为佛国的一份子。

从寺院到皇宫，从忠臣到叛贼

> 平武小中坝，龙安北山下。相传"番王"要登基，大兴土木建宫厦。"新主"登龙殿，三箭京城打；京王怒火发，统兵来征伐。哼哈二将吓慌了，背起宝珠天上爬；土地老汉怒大发，一棒打珠掉河坝。珠沉泥淤积，年年越高大。从此成州地，万古传佳话。

王玺或许不会想到，就算碑亭中的碑文言之凿凿，他的生平还是会在五百年后被改编成各种离奇版本，这首在平武县口口相传的童谣便是其一。童谣中的"番王"，指的是王玺；"京王"，就是明英宗朱祁镇；而"龙殿"，则是报恩寺。这首童谣中，王玺的身份发生了惊人逆转。平武县还流传诸多王玺叛乱的传说，"私造王府"便是其中最离奇的一则：

龙州土官王玺专横残暴，平日里搜刮民脂民膏，积累了巨额家产。明正统年间，他去京师朝贡，瞧见壮观的故宫，就想在龙州照着修一座，偷偷招募了几个参与故宫营造的工匠，又在龙州抓了3000多个民工，历时数年修成王府。王玺怕工匠走漏风声，准备一杀了之，他的夫人动了恻隐之心，偷偷放走工匠，给了一笔钱，让他们保守秘密。没想到，几年后，有个工

图16-14 报恩寺"当今皇帝万万岁"牌位。明清时期的中国寺院，许多都有类似牌位

匠酒后吐真言。这件事一传十、十传百，传到皇帝耳中，明英宗龙颜大怒，派出钦差大臣彻查此事。

王家在京师人脉甚广，有官员听到消息后，马上派人给王玺送信。王玺急忙召集手下商量对策，有个师爷说，私修王府乃是死罪，为今之计，想保全府中老小性命，唯有把王府改成寺院，等到钦差大臣到了，再花钱买通钦差。王玺连忙派人翻修王府，并找来工匠新塑了诸多佛像、菩萨，绘制壁画。几个月后，钦差大臣浩浩荡荡的队伍来到偏远的龙州，王玺送上黄金千两，美女数人，钦差乐得合不拢嘴，再看看报恩寺，法相庄严，梵呗飞扬，大殿正中立着雕龙牌位，便睁一只眼闭一只眼，回京复命去了。

这块牌位至今仍在报恩寺大雄宝殿中，九龙缠绕，上施华盖，正中"当今皇帝万万岁"红底金字很是醒目。（图16-14）它祝福的是皇帝，却被当成了谋反的证据。奇怪的是，王玺创建报恩寺，明英宗亲自颁旨，史料、碑文记载确凿无疑，就算寺院的布局、楠木的数目、斗拱的种类存在僭越嫌疑，也无法得出谋逆的结论，为何民间却流传着截然相反的说法呢？

成都武侯祠博物馆曾穷石博士是平武人，她在《十五世纪龙州土司修建报恩寺的纷争》一文一语中的："（20世纪60年代）平武地区最大的封建靶子就是土司，而报恩寺这座建制恢弘的寺庙，怎么看也与破旧的平武城不协调，因此就创作出了这么一个故事。"如此说来，那些流传在大街小巷的传说，其实是因阶级斗争产生的谎言，从此，忠臣成为逆贼，寺院俨然皇宫。

明嘉靖年间，龙州城的确发生了一场叛乱，作乱的是薛土司，他联合番人攻入龙州，李、王土司家族惨遭荼毒。明朝大军剿灭叛乱，佑圣宫也被拆毁，龙州从此走上了改土归流之路。在平武，真正的叛乱很少被提起，倒是王玺、王鉴父子与报恩寺，却掉进了谋逆的漩涡中，朗朗上口的童谣在儿童嘴边跳跃着，几乎每一位来到平武的游客，都听说了跌宕起伏的传说。他们打量着这座"皇宫"，却忽视了它的斗拱、碑亭、转轮经藏，乃至它在中国建筑史上的意义与价值，直至今日。

蜘蛛桥龙头

四川省泸州市泸县，境内有明清龙桥 141 座，数量之多，保存之完好，堪称古桥建筑一大奇观，也是中国最集中的明清龙桥群，其中的精品还引起过乾隆皇帝的关注。泸县龙桥的年代，从明初延续到清末，它们的出现，可能源于当地狂热的龙文化。

龙隐西南

中国最大的明清龙桥群

乾隆皇帝钦命保护

清乾隆四十三年（1778）的一天，一位朝廷差役从京师马不停蹄赶赴永宁道泸州城，带来乾隆皇帝短短 23 个字的上谕，上谕并非军国大事，而与一座明代古桥的命运有关：钦命永宁道泸州以北九十华里九曲河龙脑桥予以保护。

龙脑桥地处泸县福集镇，九曲河在这里绕了一个大弯，自北向南注入沱江。初冬，清晨的薄雾氤氲在墨绿色的九曲河上，久久难以散去，麒麟、青狮、白象、盘龙一字排开，雄踞河面之上，昂首迎着水流。自乾隆以降，龙脑桥与当地百姓一直相处甚安，村民扛着鱼竿、提着小板凳，在桥上抛钩下竿，鱼竿从威武的龙头中间伸出来，农民背着箩筐匆匆而过，一切都平常得如同历史的某个片段。

图17-1 龙脑桥是泸县现存龙桥中修建年代最早、保存最完好的，桥上的龙、狮、象等瑞兽雕刻得极为精细

图17-2 龙脑桥建于泸县九曲河上，长54米

龙脑桥全长54米、宽1.9米，建有十二墩十三孔，连同两边泊岸共十四墩，桥墩由四块条石垒成，最上面一块开凿凹槽，两块石梁板并排卡入凹槽为桥面，是一座典型的石墩石梁桥。中国古代梁桥多采用榫卯结构，以石灰或者糯米浆黏结填缝，时间一长灰浆剥落，影响古桥寿命。龙脑桥却独辟蹊径，工匠选用质地坚硬的青砂石，利用石料自身重量垒砌成桥。据文物部门估算，桥墩条石每块重约7吨，两块石梁重约12吨，龙脑桥一个单元重量就超过了30吨，在平缓的九曲河上可谓固若金汤。

龙脑桥的最高成就，在于中间八座桥墩上的雕刻：四条巨龙位于中央，左右分别是青狮、白象，两头各蹲踞着一只麒麟。青狮张口含笑，脚踏绣球；白象长鼻弯曲，饮水河中；麒麟一只嘴衔绶带，一只口吐玉书，怒目圆睁，威风八面；四条巨龙并排而立，龙首高昂，脚踏祥云欲飞欲动，宛若在云中翻滚。第七墩龙顶刻有"王"字，口中衔有一只可以滚动的宝珠，夏天九曲河涨水，洪流冲击龙头，滚珠发出"呼呼"的响声，如同龙王的吼叫，响彻天地。

在中国，龙是民族图腾，青狮、白象、麒麟则是民间喜爱的瑞兽，四种瑞兽同聚一桥，在桥梁史上还是第一次。中国古桥历来讲究雕栏玉砌，在栏杆雕刻花纹、瑞兽，却总是摆脱不了栏杆的桎梏，少见如此张扬的作品。从这个角度来看，龙脑桥算个异类，不过这或许正是其价值所在——龙脑桥摆脱了梁桥设计单调枯乏的状况，是中国桥梁从简单实用走向追求艺术性又不脱离实用价值的开山之作。

141 座龙桥，西南龙国

泸县古称江阳，长江与沱江在县城南部汇合，溪河密布，水域广阔，九曲河、马溪河、龙溪河、濑溪河、大鹿溪河及其支流纵贯全县，素有"川南鱼米之乡"美誉。与江南水乡一样，泸县明清古桥密布，不少古桥皆雕有石龙，故得名"龙桥"，直到今天，仍有141座龙桥隐藏在泸县的荒野田畴，串联着民间交通。

龙桥在中国其实并不少见，雕刻的位置、图案也不尽相同，最著名的当数赵州桥，20世纪50年代修复赵州桥时，工人在河床挖出大量隋代栏板，有双龙戏珠、双龙对穿岩穴等多种造型，生动活泼，变化多端；也有在券拱雕刻龙头的，又名吸水兽，其代表作便是北京卢沟桥、八里桥；桥墩刻龙则最为常见，诸如山东益都南阳桥、河北衡水安济桥、江苏南京上方桥、陕西西安灞陵桥等。

泸县龙桥群的龙，无一例外雕在桥墩上，年代从明初延续到清末，尤以明嘉靖、万历，清康熙、乾隆、嘉庆年间最为兴盛。龙桥大多建于古驿道上，基本上呈三里一座分布。桥身最长的石鸭滩龙桥长约百米，最短的仅1米上下；最多的雕龙6条，最少的仅有1条，刻有2条的最为普遍，有83座之多。已故建筑学家罗哲文认为，龙桥虽在中国有广泛分布，但泸县龙桥数量之多，保存之完好，不仅独步巴蜀，在全国也是绝无仅有，堪称古桥建筑之一大奇观，也是中国唯一的明清龙桥群。

泸县明代龙桥数目不多，却座座精妙。每天下午四点，泸县县城到福集镇的班船"突突"驶过濑溪河，停靠在苦桥子龙桥旁的石鸭滩码头。苦桥子龙桥龙头龙须飘逸，生动传神，桥不高，龙头紧贴水面，似在水中潜游。（图17-3、4）

关于古桥的来历，在当地流传着这么一个传说。濑溪河水流湍急，乡民往来皆涉水通行，苦不堪言，有秀才目睹乡民通行不易，遂捐资修桥，历时数年仍未完工，秀才已是倾家荡产，唯有四处乞讨募集钱财，三年后桥成，乡民感于秀才修桥之苦，遂命名为"苦桥子"。乡民告诉我，桥边过去建有碑亭，镌刻捐资修桥者姓名，记得还有"黄豆三挑""大米两斗"

　　　　　　　　　　　　　　　　　　　明清

图17-3 苦桥子桥位于福集镇石鸭滩村，建于明代，为了便于通船，其中一半桥面呈拱形，形成曲直相连的桥面

字样。明朝四川多年承平，百姓家境颇为殷实，对修路筑桥尤为踊跃，这也是泸县龙桥得以大量产生的民间土壤。

　　苦桥子桥与龙脑桥风格接近，其修建年代当在明朝初年。龙脑桥建于洪武年间（1368—1398），洪武是明太祖朱元璋年号，也是明朝历史上重要的造桥时代，闽西连城永隆桥，贵州镇远祝圣桥，桂林兴安白云桥、攀桂桥，上海嘉定聚善桥皆修于此时。

图17-4 苦桥子桥龙头

　　相比之下，顺对子龙桥年代稍晚，建于明万历年间。顺对子龙桥地处云龙镇吉林村，两岸菜花遍地，金黄色的菜花与青色的龙头倒映在水中，相映成趣。（图17-5）此外，薄刀桥、三元桥、鸿雁桥等龙桥也出自明人之手，工匠用圆雕、浮雕、镂空雕诸多手法，将龙的眼、耳、鼻、眉、甲、须、角、髯雕刻得无不生动传神，龙的造型张扬，大气磅礴。

图17-5 顺对子桥建于明代，金黄色的菜花与青色的龙头倒映在水中

清代的龙，在泸县走下神坛

嘉明镇复兴村的风水桥或许是泸县最有古意的龙桥了，两条石龙棱角分明，造型古朴，与中国商周青铜器上的龙纹很是相似。桥梁侧面雕有一朵祥云，下方则是三鱼共首图，三鱼共首图在汉代画像棺上时有出现，寓意"道生一，一生二，二生三，三生万物"，难怪民间称之为风水桥了。

相反，云锦镇稻子村双龙桥则似乎是两位乡土工匠的作品，两条石龙一条浮雕，饶有古意，跟风水桥颇为相似；另一条圆雕，龙的上颚扁平，下颚圆圆鼓鼓，大眼睛，宽鼻梁，舌头含在口中，憨态可掬，看上去更像只蟾蜍。清代龙桥一般只雕刻出龙头、龙尾，忽略龙身，有的龙桥甚至只有龙头没有龙尾，龙的形象也是五花八门，其艺术性、生动性比起明代已大为逊色。

或许只有在泸县，你才能看到如此千奇百怪、乡土味十足的龙了：毗卢镇马溪河上的白鹤桥龙全长3米，龙嘴就有1.5米，形如鳄鱼（图17-6）；方洞镇黑龙江上的龙灯桥龙头高昂，龙角倒竖，大有腾云驾雾气势，本是清代龙桥不可多得的精品，龙尾却是硕大的猪屁股；牛滩镇濑溪河上的蜘蛛桥，龙身没有鳞甲，如同蛇一般光滑（图17-7）；此外，瓦坝桥的龙像狗，观音桥的龙长着鱼尾巴。那些原本潜入深渊、翱翔九天的神兽，在乡土工匠手中，走下了神坛，变成了农家的猪、狗和水中的蛇、蟾蜍、鱼，如实记录下龙在民间的衍变。

龙洞桥横跨在云龙镇姜河坎溪上，长15米，宽1.6米，雕有石龙4条，龙头潜入水中，鼻子、眼睛露出水面，经年的浸泡使得龙头附着深绿色的青苔，螺蛳肆无忌惮地爬满了整个龙头。清晨，乡民三两成群在桥上洗衣，她们泼水清洗桥面，尔后半蹲在龙头、龙尾上，在桥面上揉搓衣服，龙桥俨然成了乡邻聚会、聊天的场所。

我生于江南，家乡扬州河道纵横，古桥林立，为了便于通航，桥梁以拱桥为主，就是再小的平梁桥，也高高横跨于水面；相反，泸县龙桥全部为平梁桥，大多紧贴水面，桥一旦建成也意味着航运被阻断，如此一来，古人岂不是自缚手脚？

一次乘班船下乡，我和船老大老陈聊起这个话题，老陈在船上摸爬滚打了大半辈子，对每条河道都了然于心，他告诉我，这些年河沙大量淤积，

图17-6 白鹤桥全长3米，龙嘴就有1.5米，形如鳄鱼

图17-7 蜘蛛桥

河床不断抬升，水面也就随之升高过去龙桥其实能过一些小渔船，稍大点的机动船就十分勉强了。四川丘陵地区河流为季节河，夏季涨水，冬季枯水，大多无法通航，过去川人出行，靠的是人力或者鸡公车，龙桥对航运的影响并不太明显。

老陈的话令我恍然大悟，泸县龙桥以平梁桥为主，应该是因地制宜的选择，除去通航不便因素，低矮的平梁桥其实有不少优势：一来四川夏季洪水凶猛，极易冲垮桥梁，梁桥不设栏杆，洪水很容易就从低矮的桥上漫过，也就是通常说的"漫水桥"；二来省料，降低了建桥成本；第三，龙桥上有挑水的、磨刀的、洗衣服的、钓鱼的，跟乡民的劳作息息相关，一座龙桥事实上也是村落的中心。这样的桥梁，在江南水乡简直无法想象。

20世纪六七十年代，泸县河道中出现了不少运煤船，乡民苦于龙桥阻断河流，不得不敲掉一些梁板，提升桥身高度。福集镇濑溪河上的石鸭滩龙桥便历经改造，为了行船，乡民先是加高两个桥墩，后来干脆将其中一截改造为拱桥。这些梁拱结合的龙桥造型别致，反倒成为一道道意外的风景线。

500多个与龙有关的地名

在泸县，我发现一个有意思的现象，许多乡村小河沟上也建有龙桥，比如云锦镇稻子村的薄刀桥，长仅2米，石龙引颈向前，龙身蜷曲成"S"形，早些年龙头、龙身已从中间裂成了两半；最短的龙桥只有1米上下，桥墩却仍雕有龙头。明明搭两块石板就能通行，古人为何还要费劲气力去修桥雕龙？

今天的泸县是个远离边境的内陆小城，而六百多年前，这里位于云、贵、川三省要冲，是明朝遏制西南诸夷的重要据点，明人李东阳的《泸县修城碑记》曾记载："国初，建一卫三所，置城池，宿官兵。"李东阳所处的明孝宗弘治年间，泸县一地的驻军就超过了八千，可见泸县之于明王朝的战略意义。一种说法认为，泸县龙桥的修建，与这支庞大的戍边军士不无关联，那些造型各异的龙，暗示着这里曾经金戈铁马，地当要塞。

龙桥从明初延续到清末，况且清代龙桥数目远远多于明代，雕刻随意性很强，看不出有什么统一规格，戍边军士的说法显然不能令人信服。龙桥的兴盛，应当源于民间狂热的龙崇拜，泸县至今还有500多个与龙有关的地名，比如伏龙山、骑龙坳、旺龙山、来龙山、石龙滩、龙湾沟等，自古以来还流传着一些独特的祭祀龙舞，又以水车龙最为独特。

水车龙，顾名思义，龙跟水车有关，从头到尾由农村常见的用具组成：龙头是背小孩的背篓，下颚是盛饭用的筲箕，龙眼是防止牛偷食庄稼的牛嘴笼，龙须是遮雨的蓑衣，龙齿是收割稻谷的锯镰，龙尾是捕鱼用的篙，龙身则由一片片厚重的水车叶子连接而成。舞龙的是八个年过半百、头发花白的老人，他们扯着嗓子告诉我，水车龙早在几千年前就有了，每年春夏之际，古人就这家出背篓，那家出蓑衣，他家出篙，凑成一条水车龙。

邻近的雨坛镇，自古流传着彩龙表演，龙分公母，金黄色的彩龙代表成熟的麦穗，蓝色的龙则寓意清澈的水源，演出中，龙或翻滚，或叹气，或擦痒，尽显龙之性情。

泸县水系纵横，一到夏天常闹洪灾，《泸县志》记载，单1956年到2004年间，泸县就有过六次特大洪灾，小洪水更是难计其数。如此说来，历史悠久的水车龙、雨坛彩龙与数量众多的龙桥，应该与泸县频繁的洪灾有关。在农耕社会，洪水决定一年的收成，也影响着人们的生命、财产安全。中国许多地方都有镇水的寺院、祠庙，大禹、李冰、杨泗等治水英雄受到民间祭拜，在泸县，古人则把这样的希望寄托给了龙王。中国古代神话中，龙掌管着洪水与降雨，被民间尊为龙王，行云布雨、泽被万物，与百姓的生产、生活密不可分，旱时得求它降甘霖，涝时得请它镇水患，一年的收成就得看龙王的脸色。

几天后，在金黄色的菜花地里，八个老人舞起了水车龙。就在锣鼓响起的那一刹那，老人的身体似乎顿时被注入了活力，那些寻常的农具在他们手中，俨然变成了一条无所不能、呼风唤雨的神龙，与那些古老的龙桥一起，庇护着这个西南龙国，庇护着泸县人和他们的一亩三分地。

薄刀桥位于云锦镇稻子村一组，古桥如今已很少有人经过

桂花坝桥

铁垆滩桥上走过的养鸭少年

龙岩新桥

明清

18

金童子纽扣

"石龙对石虎，金银万万五，谁人识得破，买到成
都府。"自古以来，彭山江口镇便流传着这句谚语，
谚语中的金银，即是八大王张献忠的宝物。1644 年，
张献忠在成都称帝，创立大西国，却在江口为明将
杨展所败，亿万金银珍宝遗落江中。2016 年底，江
口沉银遗址出土了三万余件文物，八大王藏宝的传
说，似乎由来非虚。

江口沉银

八大王的藏宝图

江口鏖战，引发千古藏宝悬案

大西国大顺三年（1646 年，大清顺治三年）三月，初春的成都还带着几分寒意，八大王张献忠在皇宫中有些不安，据派出去的探子来报，明将杨展神不知鬼不觉地潜入犍为县，杀了自己委任的官员，嘉定府（今乐山市）百姓将杨展迎进城中。川外，亲王豪格率领的清军步步逼近，据说军中还有"满洲第一勇士"鳌拜，这都令张献忠不寒而栗。

早在两年前的 1644 年，李自成的义军已攻入北京，崇祯皇帝在煤山黯然上吊自尽，明朝灭亡。同样在 1644 年，张献忠也率领一支大军入蜀，并于同年八月攻入成都，创立大西国，国号大顺，与李自成分庭抗礼。当年围攻成都时，杨展就与总兵刘佳胤坚守不降，城破为张献忠所擒，行刑之前，士卒见杨展的甲胄色彩鲜妍，心生爱慕，怕鲜血弄脏了甲胄，遂解开绳索，

图18-1 位于江口镇外锦江与岷江汇流处的遗址，从空中俯瞰，场面十分壮观

杨展乘机夺刀砍死士卒，跳入河中逃跑。

没想到这杨展又杀了个回马枪，张献忠派出麾下大将刘文秀、狄三品攻打嘉定府，均无功而返。张献忠迁怒于蜀人，忿忿不平地说："川人尚未尽耶！自我得之，自我灭之，不留毫末贻他人也。"他派出四路大军，沿东南西北四个方向逢人便杀，就连深山峡谷也搜了个底朝天。凡得男子手足两百双，女子手足四百双，即授以官职，有个小卒日杀数百人，几天后即擢升为都督，此次屠蜀之后，军营中竟多出了不少官员。

在皇宫中，张献忠也是每天以杀人为乐。一天深夜，张献忠突然想起今日还未杀人，但身边一时找不到可杀之人，便将熟睡中的妻妾数十人拖出去斩了。第二天清晨，张献忠寻不着妻妾，便向侍从询问她们的去向，这才想起已在昨晚被杀，一怒之下又杀了几百个侍从泄愤。对待亲近之人尚且如此，成都百姓的命运也就可想而知了，《蜀碧》这样记载张献忠的杀人之法：

> 杀人之名，割手足谓之鲍奴；分夹脊谓之边地；枪其背于空中，谓之雪鳅；以火城围炙小儿，谓之贯戏。抽善走之筋，断妇人之足，碎人肝以饲马，张人皮以悬市。

就在张献忠大肆荼毒蜀人之时，杨展在嘉定站稳脚跟，又陆续占领仁寿、简阳、眉州、青神，张献忠派兵与杨展在江口大战，结果再次大败。张献忠见碰到了硬骨头，清军又迫近在即，便将多年搜刮的钱财装了数千条大船，打算金蝉脱壳，从此隐姓埋名做个富贾。

岷江发源于岷山南麓，流至都江堰分内江、外江，内江在成都分又出了府、南二河，张献忠的船队从南河南行约 60 千米，进入彭山县（今四川省眉山市彭山区）境内，打算在江口镇转入外江，再从宜宾沿长江出川。杨展在江口设伏，以装载易燃物的小舟冲向大西军船队，此时狂风大作，船只纷纷起火，调头驶向江岸，怎奈水道狭窄，船只又首尾相连，一时间寸步难行。杨展身先士卒冲进敌阵，"枪铳弩矢，百道俱发；顷刻之间，敌船尽焚"。大西军大败，数千箱金银珠宝落水，士卒官长死伤殆尽，随身细软四处散落。

此役过后，张献忠元气大伤，从此一蹶不振。《蜀碧》记载，逃回成都后，张献忠出人意料地令人截断锦江，在江底挖了几个数丈深的大坑，把皇宫剩余金银埋入坑中，尔后决堤放流，将参与埋银的士卒、石匠杀死，这便是史书中的"锢金"。埋好宝藏后，张献忠逃窜至川北，并于同年十二月被豪格、鳌拜斩杀（也有说为章京雅布兰射杀或病死者）。江口沉银与锦江埋宝的故事在民间口耳相传，造就了中国历史上一大藏宝悬案。

图18-2 江口沉银遗址保护范围南至岷江大桥南1000米，北至两江汇合处向北500米，南北外延500米，面积约100万平方米，本次发掘面积约20000平方米

张献忠搜刮了多少民脂民膏？

张献忠手里的财富究竟有多少呢？史书中语焉不详，不过在李自成那里，似乎不难找到答案。明人计六奇在《明季北略》中记载，李自成义军攻占北京后，在皇宫中找出3700万两白银与150多万两黄金，这都是崇祯皇帝的私房钱。李自成还令心腹刘宗敏向百官勒索银两，刘宗敏令人做了5000套夹棍，将明朝宗室、外戚、官吏一一拷问，总共获银7500多万两，单崇祯皇帝的岳父就交出了60万两。李自成离开北京前夕，曾将上亿两黄金运送出城，这批巨大的宝藏至今依旧下落不明。

张献忠虽未直捣黄龙，倒也攻城略地无数，入蜀以来更是一路攻破大宁、大昌、开县、昭化、剑州、梓潼、江油、盐亭、新都、郫县、金堂……明末农民起义军攻克城池后，往往将官府里的财物哄抢一空，张献忠在官府获得的金银珍宝自然不在少数——他的行军路线，就是一幅敛财轨迹图。

　　张献忠还网到了几条"大鱼"，崇祯十四年（1641）二月，大西军攻克襄阳，获得襄王的珍玩、金银无数。两年后破武昌，活捉楚王朱华奎，在王府中搜出金银各百万两，装了几百辆大车。颇具讽刺意味的是，当年文武百官齐聚王府，恳请楚王出银犒赏守城将士，一毛不拔的楚王连连摇头，结果城破之日金银尚在，自己却被装进竹笼，丢入水中活活淹死。张献忠感叹道："有如此赀财而不设守，朱胡子真庸儿！"

　　成都被攻破前夕，蜀王朱至澍与嫔妃跳进八角井自杀。蜀王府延续二百余载，传说蜀献王曾得一本秘籍，书中有冶炼金银之配方，蜀王子孙无不擅冶金银，成都沦陷时蜀王府还储藏着大量金银。这些明朝藩王不愿拿出钱财用作军饷，到头来却为张献忠当了一辈子守财奴。

　　与李自成不同，张献忠不仅抢官府，连百姓也不放过。大西军每下一城，即将城中富翁、商贾抓来，勒索银子，数目从数千到上万两不等，等到家属凑足了赎身钱，却毫无诚信地撕票。张献忠还禁止百姓私藏金银，私藏一两，即诛全家；藏十两，则生剥人皮。有人心存侥幸，将金银沉入井中或藏在密室，被抓到后同样处以极刑。张献忠还鼓励检举揭发，倘若奴仆告发主人藏银，则可侵占主人的妻妾、马匹，"于是豪奴悍婢，争讼其主焉"。

　　经过这般巧取豪夺，张献忠迅速积累了大量财富，据说离开成都时，银子太多无法带走，就令工匠做了许多木头夹槽，里面塞满银锭，任其顺长江漂流而下，打算在巫山附近江流狭窄的地段打捞上岸。《蜀难纪实》估算张献忠遗留在江口的财物："累亿万，载盈百艘。"《明史》则记载有"金宝亿万计"。看来，至少在敛财这一点上，张献忠是丝毫不逊于李自成的。

明代白银已从贵金属演变为社会的主要货币，在流通流域占据了主币地位，频繁的海外贸易也使得大量白银流入中国，据明人王鏊的《震泽长语》记载，太监刘瑾被抄家时有黄金千万两、白银两亿多两，这个数目虽不无夸张之嫌，却可管窥明朝巨大的白银储备。李自成、张献忠能搜刮如此多的金银，也是明代经济史的缩影。

锦江"锢金"，八大王的障眼法

自古以来，张献忠的宝藏吸引着历代寻宝人。民国二十七年（1938），成都锦江淘金公司门口贴出一纸公告，招募泥工、木工、石工、杂工，到锦江寻宝，消息一传出，应征者有如过江之鲫。

锦江淘金公司手中握有一张清代藏宝图，画图的是一个当年侥幸逃脱的石匠，藏宝图几经辗转，落在贡生杨白鹿手中，后由军阀范绍增（即著名的"傻儿师长"）出面协调，成立锦江淘金公司，开展打捞事宜。藏宝图显示，宝藏在望江楼一带，以石牛、石鼓为记号。

这年秋天，工人挖土时突然听到金属与石块的撞击声，挖出来一看，原来是头硕大的石牛，公司从国外进口的金属探测仪，也"唧唧"地提示石牛底下埋着金属。自古以来，成都就流传着一个令人为之疯狂的民谣："石牛对石鼓，银子万万五，谁人识得破，买尽成都府。"石牛现身后，公司当即召开紧急会议，定购大批箩筐、扁担，并购置起重机，宝藏一出土，就组织人力搬运，直接存入银行。

然而，就在全成都皆以为宝藏就要水落石出之时，几天后，工人挖出的却是三大箩筐铜钱，由于长年埋在水下，早已锈蚀粘连，再往下挖，金属探测仪再无反应，寻宝行动最终草草收场。那头石牛，至今还在望江楼公园日复一日地守护着那批从未露过面的宝藏。

张献忠锦江"锢金",《蜀碧》所载颇为详细,锦江淘金公司也挖出了石牛,可见"锢金"确有其事,为何挖出的却是三大筐铜钱呢?张献忠爱财如命,且行军打仗粮草、军饷处处要钱,加之已在江口折损了大半,是断然不会将银子埋入锦江的,之所以来这一出,恐怕是想在日后逃亡途中少些阻力而已——兵不厌诈,觊觎财宝的人都把目光投向锦江,他才能溜之大吉。对此,清人刘景伯在《蜀龟鉴》中的论述倒是一语中的:"急于捞金,而缓于追贼。"

冰山一角,江口频现八大王珍宝

无独有偶,江口镇自古也流传着一首相似的民谣:"石龙对石虎,金银万万五,谁人识得破,买到成都府。"如果说锦江"锢金"还只是传说的话,江口却屡现奇珍。当年剿灭张献忠后,杨展见渔人在水中打捞金银,当即令士兵打捞江中珍宝充作军饷,从此雄霸一方。清乾隆五十九年(1794)冬天,有渔人网到刀鞘,四川总督孙士毅派人打捞数日,"获银万两并珠宝玉器等物"。

在江口镇,老百姓对此早就见惯不惊了,渔民在岷江中张网捕鱼,常常能网到银锭、戒指,夏天孩童下水洗澡,一个猛子扎下去常能摸出耳环、手镯。史书中张献忠与杨展在江口鏖战,遗留下无数金银的传说,可能由来非虚。

江口沉银的消息越传越广,无数盗掘者利用专业水下工具夜间潜入江底,希冀着能获得八大王的珍宝。2016年10月,一个70余人的文物贩卖团伙落网,追缴回来的不乏虎钮金印、金册、银册、金锭、银锭、"西王赏功"钱币等珍贵文物。

图18-3 虎钮永昌大元帅印曾在江口盗宝大案中以 800万的价格被倒卖，是江口沉银遗址的核心文物

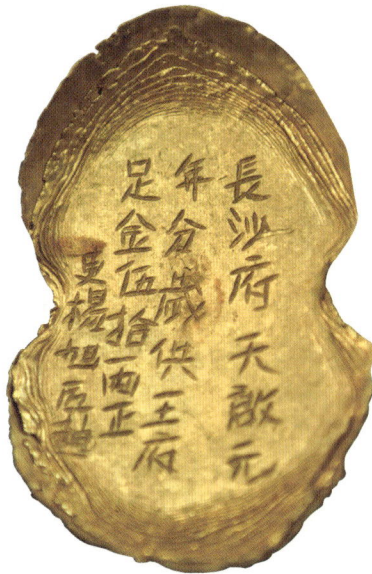

图18-4 "长沙府天启元年分岁供王府足金拾两正，吏杨旭，匠赵"，是中国已知体量最大的一枚金锭

虎钮永昌大元帅金印，印面为九叠篆阳文的"永昌大元帅印"，印台阴刻"永昌大元帅印 癸未年仲冬吉日造"字迹。（图18-3）永昌是李自成年号，李自成并未来过四川，这枚金印是如何沉入江口的呢？答案或许是张献忠的嫉妒之心。张献忠与李自成曾一同投在闯王高迎祥旗下，高迎祥被明军杀死后，李自成继任闯王，张献忠对此心存芥蒂，他称帝后出人意料地选用了李自成的"大顺"为年号，似乎想与李自成一较高低。不知这枚金印，是否也是这种扭曲心态的写照？

一枚金锭的表面，"长沙府天启元年分岁供王府足金五十两正，吏杨旭，匠赵"题记清晰可见，这是长沙府进贡给王府的黄金，也是中国已知金锭中体积最大的一枚。（图18-4）此外，"册封荣定王世子朱常溔为荣王"金册也在盗掘中露面。朱常溔于万历四十年（1612）袭封荣王，张献忠入湖南后曾洗劫荣王府，金册可能也是此时被带到了四川。

鉴于江口沉银遗址已被盗掘，且暴露了许多高规格的精美文物。2016年11月，四川省考古研究院联合国家文物局水下遗产保护中心、彭山区文物保护管理所，对遗址进行抢救性发掘。江口沉银遗址保护范围南至岷江大桥南1000米，北至两江汇合处向北500米，南北外延500米，面积约100万平方米，本次发掘面积约20000平方米。围堰既成，几十台抽水机日夜不停地工作，围堰里的水位越来越低——1646年的那场鏖战以及张献忠的宝藏，似乎就快水落石出了。

三万余件文物，每一件背后都是一出悲剧

我来到江口沉银遗址时，围堰里的江水已被抽干，裸露出大片的砂石，工人将砂石一筐筐运送到遗址中央的筛石机旁，对砂石进行筛选，许多指甲盖大的碎银就夹杂在砂石中。明人生活中常用碎银，这在成书于明代的《金

瓶梅词话》中便可见一斑，第五十六回"西门庆捐金助朋友，常峙节得钞傲妻儿"里，西门庆便叫书童："去对你大娘说，皮匣内一包碎银取了出来。"

随着砂石被一筐筐担走，河床地下3米的鹅卵石与泥沙之间，八大王的珍宝开始现身，再往下挖便是江底鲜艳的红砂岩。考古工作者拎着塑料口袋，仅仅一个上午，就获得了"西王赏功"银币、银簪、金戒指、银锭、铜钱等十多件文物。两天后，一页珍贵的金册也被发现，拭去上面的泥污，一行楷体小字显露出来："维嘉靖二十三年岁次甲辰十二月……皇帝制曰：朕惟太祖高皇帝之制，封律诸王以荣藩屏，必选贤女以为之配，荣……"金册里的荣王分封在湖南常德，金册是明朝册封荣王某位嫔妃的。明王朝册封藩王、郡王以及妃嫔均要使用金册、银册。有意思的是，本次发掘还发现了张献忠称帝后册封嫔妃的金册，张献忠革了明朝的命，却换汤不换药地照搬了明朝礼制。

因为这次发掘，临近的江口崖墓博物馆已成为临时指挥中心，保险柜摆满了小小的储藏间。经过三个多月的水下考古，这片水域已发现30000余件文物，包括"西王赏功"钱币、金册、银册、银锭、戒指、耳环、发簪，以及铜锁、钥匙、秤砣、瓷碗等生活用品，其出"水"文物种类之丰富、级别之高堪称罕见，这也是继北京定陵之后最重要的明代考古发现。

文管员从保险柜里抱出一只木盒，打开盒盖，十枚闪闪发光的"西王赏功"金币出现在我的眼前。张献忠建立大西国后，曾铸造了金、银、铜三种质地的"西王赏功"钱币赏赐有军功者。张献忠在清代被扣上反贼的帽子，"西王赏功"钱币也被视为悖逆之物，存世极少。（图18-6）

清末至今三百余年里，"西王赏功"金币在史书中只出现了两次，一枚为著名钱币收藏家蒋伯薰收藏，后捐赠给上海博物馆，另一枚却已熔为黄金。光绪末年，成都有个叫张扫巴的，偶然路过五洞桥一个不起眼的小摊，以八十文的价格买了枚钱币，擦拭干净后现出黄灿灿的金色，并有"西

图18-5 明朝官府征收的税银需要重新熔铸，一般铸成五十两的银锭，本次出土了上百枚

图18-6 张献忠建立大西政权后，曾铸有金、银、铜材质的"西王赏功"钱币，用以奖励有军功者

王赏功"四字，张扫巴向街坊四邻炫耀，等到钱商上门求观，张扫巴却已把金币熔了，钱商闻讯捶胸顿足，说倘若不熔，其价格远超黄金二十倍。张扫巴哀叹不已，数月依旧不能释怀。

　　大量银锭也在此次发掘中出现，由于长年浸泡在江水中，外部已氧化成黑色，表面"四川□□银五十两，抚臣廖大亨，司臣侯安国，解官唐皋，按臣陈良谟……""银五十两，匠黎明"字迹隐约可见。明代的一两合今约37克，五十两也即1.85千克。从已出水的银锭看，涉及的地名，北至河南，南到两广及云南，西至四川，东到江西，范围囊括了明代大半个中国，几乎就是张献忠流窜史的缩影。尤为难得的是，此次还发现了一截木鞘，旁边散落着几块银锭，内部还藏有银锭，印证了史书中"木鞘藏银"的记载，木鞘由两个半圆形中空木桩合拢而成，两头用铁箍箍紧。（图18-7）

图18-7 张献忠离开成都时，把银子藏在木头夹槽中带走，即所谓"木鞘藏银"

图18-8 金童子纽扣做工讲究，富有生活气
息

图18-9 这些耳环、戒指、腰带显然来自无数个明代家庭，不知道它们的主人是否在无休
止的战乱中香消玉殒

文管员又搬出一盒金器，一件件放在桌上，金镯子、簪子、戒指、耳环……金童子纽扣金光闪闪，童子憨态可掬，笑意盈盈（图18-8）；金锁上刻着"状元及第"字样，可能是旧时大户人家的长命锁；妩媚的女子骑着毛驴，似乎正在远行，这是绾顶金簪的顶端装饰，古代男子、女子均要用簪子绾住头顶乱发，《金瓶梅词话》不少章节便写到了金簪，西门庆头上插着哪位女子的金簪，即是她得宠的标志，金簪便是西门庆的情感方向标。明代常见的金马镫戒指也发现了不少，这种戒指因类似马镫得名，《金瓶梅词话》第十五回"佳人笑赏玩灯楼 狎客帮嫖丽春院"中，"那潘金莲一径把白绫袄袖子搂着，显他遍地金掏袖儿，露出那十指春葱来，带着六个金马镫戒指儿"，这潘金莲真是阔绰，手上戴了六只戒指。

这些金首饰还蕴藏着许多信息，金镯子曾被掰弯，并有烧灼痕迹，许多戒指、耳环出水时即串联在一起。显然，大西国的将士曾试图将它们扭曲、熔化，以便于携带。（图18-9）更让我震撼的是那些成堆的银首饰，由于尚未来得及清理，它们被分门别类堆放在塑料箱里，其数目何止成百上千。这些耳环、戒指显然来自无数个朴素的明代家庭，城破之日，它们的主人被迫交出毕生的珍藏，尔后消失在无休止的战乱中。30000 余件文物，每一件背后，或许都是一出悲剧。

2017 年 5 月 13 日，由于岷江丰水期即将到来，江口沉银遗址的临时围堰被拆除，浩浩荡荡的岷江之水再次淹没了八大王的宝藏。沉睡在江底的宝藏，张献忠的贪婪与暴虐，家破人亡的晚明岁月……更多的历史细节，又再次沉入水中。

江底鲜艳的红砂岩，文物就藏在岩石凹槽之中

随着砂石被一筐筐担走，河床地下3米的鹅卵石与泥沙之间，八大王的珍宝开始现身

仅仅一个上午，考古工作者就获得了银币、金戒指、银锭、银簪等十多件文物

明清

19

榉溪笔塔

曾几何时，一种叫字库的塔形建筑在中国南方极为
流行，这是古代焚烧字纸的古塔。如今，在四川省
绵阳盐亭县的荒野田畴，还存有 21 座清代字库塔，
如同一位位风烛残年的老人，讲述着古代中国敬惜
字纸的传统，以及对文字的敬畏。单单是字库塔似
乎还不足以体现盐亭人的热情，他们还建造出中国
唯一的字库牌坊。

346

盐亭字库

书写在塔上的文字信仰

云仙字库塔与老胥家往事

初春的一个清晨，盐亭县云仙村，73岁的老汉胥万泽与老伴陈彩萍背着竹篓，扛着锄头走出家门，到自家地里种苞谷。一路上，黄灿灿的油菜花顺着浅丘起伏，绵延到远山，小麦刚刚抽穗，山间清风送来桃花、梨花的芬芳，这是一年里最好的光景。再往前走，远远能望见座石塔，塔边有座石桥，老胥的苞谷地就在桥边。

劳作了半晌，胥万泽在古塔下挑了个阴凉地，抽起了叶子烟。自打分产到户后，这块地分给了胥家，那时地里便有这座古塔了。父亲告诉他，"天龙盖地虎，宝塔镇河妖"，河边有塔，自然就是镇妖怪的了。当年胥家的祖辈也捐资参加了古塔的修建，一辈子务农的父亲说到这里，总是眉飞色

图19-1 云仙字库塔如今在农田中，建于清同治年间

舞的。直到几年前，胥万泽才得知这是字库塔，是过去读书人焚烧字纸的地方。

与中国大地上那些高耸入云的古塔不同，云仙字库塔高不过5米，六面形楼阁式，残存四层，渐次内收直至塔顶，转角处挑角、屋脊、檐口清晰可见，底层有个券拱形洞口，上书"敬惜字纸"四字，过去从这里送入字纸，烟则从塔顶的出烟口飘出来。早些年不知道哪里来的菜籽蹦到了塔里，如今倒是长得茂盛无比了，菜花从洞口冒出来，一窝窝野草也从塔身各个角落钻出来，迎风摇曳。

字库塔第二层刻有碑文，记载着古塔的历史，碑文风化斑驳，脆弱得

图19-2 云仙字库塔塔身财神像

图19-3 云仙字库塔塔身上的文昌帝君与孔夫子像

仿佛一阵风吹过就会掉下来。我拨开丛丛杂草，一个个名字映入眼帘，胥志平、胥文在、胥文太、陈世昌、杜元芳、杜福山、赵丙盛……此外还有"金池山蚕姑会捐银二两""高灯场大成会捐银一两""重口山观音会捐银五钱""谢家沟尝蒸会捐银二两"等字迹，落款在同治元年（1862）。由此看来，当年修建字库塔，不仅蚕姑会、观音会、大成会这些民间组织捐出银两，以胥姓为首的乡民更是踊跃捐资，从这些密密麻麻的名字看，少说有几百人参与，可见修建字库塔真乃一时之盛事。盐亭是传说中的嫘祖故里，嫘祖是西蜀西陵氏之女、黄帝之妃，传说她教民蚕桑，将蚕桑文化从蜀地带到了中原，蚕姑会可能是清代盐亭县养蚕女子的组织。

不过，自打胥万泽记事以来，就没看到过谁再在塔里烧纸了，倒是有些邻村的老婆婆常在塔下虔诚地烧香作揖，口里喃喃地念着阿弥陀佛。这也难怪，字库塔第三层雕有文官、武官，文官身着朝服，腰系玉带，颌下三缕长须及胸；武官骑在猛虎之上，身披铠甲，手持钢鞭，威风八面。文官是造字的仓颉，史书中说他是黄帝的史官，仿照动物的踪迹创造出了文字，被后世尊为"字圣"；而武将，就是武财神赵公明了，这是清代四川盆地流行的题材。字库塔既赐功名，又管钱财，倒是一举两得。

字库塔曾遍布中国南方

字库塔，也称字库、惜字宫、惜字塔、文笔塔、字炉、焚字炉、敬字亭、圣迹亭等，顾名思义，是古时焚烧字纸的塔形建筑。古人认为文字神圣而崇高，字纸（写有文字的纸张）不应随意丢弃，哪怕废纸也需洗净焚化。

敬惜字纸的信仰，是伴随着文字出现产生的，"昔者仓颉作书，而天雨粟，鬼夜哭"，西汉宗室淮南王刘安及其门人编纂的《淮南子》，形象地描绘了仓颉创造文字之后道破天机、惊动鬼神的力量。事实上，文字的产生绝非仓颉一人之力，而是古人不断探索的结果，早在商代甲骨文便已产生，它掌握在一个叫"贞人"的阶层手中，用来书写卜辞，也有占卜、驱鬼、预知未来的功能，可见文字一出现便有着绝通天地的力量。

时至宋代，对文字的崇拜逐渐演变为对字纸的敬惜，宋人张舜民在《画墁集》中写道，宋人王曾之父爱惜字纸，看到被遗弃的字纸，哪怕落于粪秽之中，也要拾起用香水洗净。一日深夜，孔圣人托梦，说他平日爱惜字纸，其子王曾是曾参转世，他日将进士及第，王曾后连中三元，官封沂国公。有学者根据《画墁集》的记载，提出字库塔起源于宋代，不过中国迄今并未发现宋代字库塔，而且宋代的废旧字纸经常被重复利用，苏东坡在《黄州上文潞公书》中说："家所藏书，既多亡佚，而此书本以为故纸糊笼箧，独得不烧，笼破，见之，不觉惘然如梦中事。"王安石在《纸暖阁》一诗中也有"楚谷越藤真自称，每糊因得减书囊"之句，宋代的字纸常用来糊笼箧，或在背面写字，自然也就没有入炉焚化的道理。

另外一种观点认为字库塔起源于明代，广东省南雄市平林字库塔建于明永乐二年（1404），为孔子后裔伯道所建，是迄今中国发现的最早的字库塔；四川蓬安县骑龙字库塔建于万历四十二年（1614）。有意思的是，王曾的故事在明代被凌濛初的《二刻拍案惊奇》加工，"王曾之父生平见字纸遗弃，必拾而以香汤洗之，然后焚化"，加入了"然后焚化"的内容，说明明代始有焚烧字纸之举，字库塔也就应运而生了。

有清一代，敬惜字纸的信仰发展到巅峰，连朝廷都屡屡过问，康熙皇帝曾训示："字乃天地间之至宝，……与以天地间之至宝而不惜之，糊窗粘壁，裹物衬衣，甚至委弃沟渠，不知禁戒，岂不可叹！故凡读书者一见字纸，必当收而归于箧笥，异日投诸水火，使人不得作践可也。尔等切记。"雍正皇帝更是警告臣下："再有抛弃字纸者，经朕看见，定行责处。"

让康熙、雍正忧心忡忡的，是清代士子对字纸、书籍的漠视。清代"八股文"盛行，天下士子的人生理想被局限在"四书五经"中，士子们对非科举用书不加珍惜，只要与功名无关，往往就随意丢弃。清人朱彝尊就目睹了这样的闹剧：读书人对科举无关的书籍不加珍惜，不是盖油罐，就是糊窗户，这种情况以京师尤甚，学子进京赶考后丢弃的书籍居然充塞茅厕，实在有辱斯文。

在清王朝不遗余力的推动下，敬惜字纸信仰走向了鼎盛。对字纸最佳的处理方式无疑是入塔焚化，也正是为此，清中期以后中国大地上的字库塔如雨后春笋一般兴起，其数目何止成千上万，甚至连少数民族地区都屡见不鲜，比如湖北省利川县（今利川市）土家人的木鱼寨中就有座字库塔。字库塔仿照佛塔而建，但不能登临，少数为密檐式，多为楼阁式，层数并不像佛塔那样一定是奇数，有五层、七层，也有四层、六层，最简单的仅有一层。历经"文革""破四旧"，字库塔如今已不多见，盐亭县境内还存有清代字库塔21处，成为我们了解这些建筑乃至敬惜字纸文化的绝佳窗口。

一个有趣的现象是，字库塔的分布有着极强的地域性——北少南多。北方字库塔据说曾在新疆玛纳斯县西门、河北龙冈书院有发现，不过仅见于史料，并未留下遗迹；南方字库塔在四川、湖南、江西、贵州、浙江、福建等省都有发现，且数目众多，单四川省就发现了170余座。南北数目如此悬殊，似乎无法以战争被毁、保存不佳来解释，唯一的原因可能是字库塔流行于中国南方。成都武侯祠博物馆陈芳女士在《字库塔小议》一文中提出，字纸送入塔中焚烧，不再循环利用，自然以大量纸张出现为前提，清代是中国竹纸制作的鼎盛期，竹纸产量空前。清代竹纸产区集中于南方的四川、江西、湖南、福建、贵州、广西等省区，恰好与字库塔的分布范围吻合，这或许不是巧合。

图19-5 榉溪笔塔如今位于一块玉米地之中

图19-6 榉溪笔塔局部

图19-4 建华字库塔

几斤烧酒，几斤菜油，凑齐莲池寺字库塔

盐亭诸多字库塔中，杨春村的莲池寺字库塔最为宏伟，塔身题记也几乎完好，是颇具研究价值的一座。莲池寺字库塔高约 9 米，五层楼阁式，层层内收，塔身为罕见的四方形结构，每面有两根对称的石柱，其上镌刻楹联，比如"残章无委地，零字悉焚炉""品端登品地，功到得功名"，读来颇有韵味。（图 19-7、8）

莲池寺字库塔第二、三层塔身刻有碑文，记载着古塔的历史以及捐资人信息。由于文管所尚未对碑文进行整理，我爬到塔身，将碑文一字字抄录，从这些或缺失或模糊的字迹中，拼凑起了字库塔的历史。莲池寺本系停学公（可能是某位乡绅）所有，寺前有座创立于道光二十年（1840）的字库塔，历经四十多年，古塔倾颓剥落，有乡绅号召提议重建字库塔，消息一经传出，县中的耆英、文生、监生纷纷慷慨解囊。"耆英蒲思儒捐钱四百文""职员蒲文超捐钱三百卅文""文生王德炳、王德洋共捐钱四百文"，耆英是对高年硕德之人的尊称，文生即在州县书院中就读的学生。

至于乡民们，那更是五花八门了，王大受捐了八百文，董福清捐了三十文，蒲士槐只捐了十文，那真可是集腋成裘、聚沙成塔了。据《历代四川物价史料》一书记载，晚清盐亭烧酒每百斤价值三千余文，合三十余文一斤，桐油、菜油百斤各十五六千文，合一百五十至一百六十文一斤，可见乡亲们捐的钱财并不多，可能只是几斤烧酒钱，几斤菜油钱。我发现，盐亭字库塔无论规模大小，不管捐资多寡，都会一丝不苟地将捐资人的姓名刻在上面。它让我相信，在古时，对文字的信仰与敬畏，早已深入中国人的骨髓。

与云仙字库塔一样，莲池寺字库塔的修建也得到了诸如蒸尝会、文昌会、药王会、雷祖会的支持，在这些民间团体中，我首次发现了"惜字会"。

图19-7 高灯镇杨春村的莲池寺字库塔，是盐亭诸多字库塔
中最为宏伟的。图为本书作者正在考察塔身题记

图19-8 莲池寺字库塔共五层，每层侧面均有两根小石柱，石柱上刻对联

清代惜字信仰流行，惜字会功不可没。惜字会也称敬字社、惜字局、字纸会，是清代社会颇为活跃的民间组织，其活动资金往往由募捐而来，并由会员定期捐资，有些大的惜字会也购买田产，收取租金维持会内运作。

惜字会雇人在街头巷尾拾捡废纸，称"拾遗人"，偏僻的地方也用糖果从儿童手中换取。收回的废纸先存放在会中，尔后用加入香末的水洗，洗字纸的水不能随意泼洒，要用筛子过滤，以防漏掉剩字。字纸晒干后入炉焚烧，用木勺将灰送入陶瓮中，待盛灰之瓮到一定数目后，以船送入江心或海中，待水慢慢淹没，瓮自沉入水中，也称"送圣迹"。"送圣迹"仪式庄严神圣，比如清代台湾府噶玛兰厅（今宜兰县），这一天，文人士子穿戴整齐，护送"圣迹"到码头，彩旗飘飘，鼓乐齐奏，目送"圣迹"消失在视线中。事实上，作为公益机构，惜字会往往入不敷出，程序恐怕也不甚正式，善堂、佛寺、道观往往也拿出部分收入用于惜字。

"送圣迹"耗时耗银，读书人也自己焚烧字纸。村民蒲本勤父亲曾是村里的私塾先生，教授《三字经》《论语》《声律启蒙》。黄昏的时候，一身长衫的父亲常领着他，走到字库塔前，把白天写废的字纸投入塔中焚烧，看着一缕缕青烟飘向远方。父亲一字一句地对他说："只字必惜，贵之根也。粒米必争，富之源也。片言必谨，福之基也。微命必护，寿之本也。"年过古稀的蒲本勤回忆起父亲的教诲，犹历历在目，他年长后一直以务农为生，没写过什么字，自然也就没有机会焚烧字纸了。事实上，莲池寺字库塔早就荒废经年了。

莲池寺字库塔每层四角雕有石耳，形制如同过去人家门口的石鼓一般，其上雕刻花卉、瑞兽图案。第一层的四个石耳已不存，留下空空荡荡的凿痕，塔身刷上了白色的石灰，上面用墨笔写着一些标语，如"我们是主张自力更生的"等。蒲本勤说，"文革"中，县里的"造反派"写下这些标语，凿掉了石耳，他们还找来绳子想把塔拉倒，被村里人拦了下来，老人指着他们鼻子骂道："这是保佑文风昌盛的，你们怎敢放肆！"红卫兵只得悻悻而回。莲池寺就没那么幸运了，古寺被拆毁，和尚也还俗了，木料都运到乡里修电影院了。

古时的字库塔选址往往有三种选择：一是寺庙、道观、宗祠、书院附近，二是场镇、集市等公共空间，三在群山之中，或是绿水之侧，事实上也充当着风水塔的角色。又以第一类最为常见，数目也最多，清人余治编纂的《得一录》就说："字炉宜制造净院祠宇为上，书馆次之。"

我蓦地想起，几天来，我在盐亭县寻访过任广村真武宫字库塔、云龙村富乐寺字库塔、华严村华严寺字库塔、文同村高院寺字库塔，它们过去立在真武宫、富乐寺、华严寺前。而我跟当地人聊天时，他们总会指着某处青山、某块麦田、某畦菜地告诉我，那里曾经有过寺院、道观、祠堂。如今，21座字库塔依旧屹立在盐亭县的荒野田畴，这是国人之幸，而与之对应的寺庙、道观、祠堂却永远地消失了，这或许又是国人之大不幸。

中国唯一的字库牌坊

单单是字库塔，似乎还不足以表达盐亭人敬惜字纸的热情，他们还建造了一座牌坊。牌坊是古时竖立在宫苑、寺观、陵墓、祠堂、衙署和街道路口等地方的礼仪性建筑物，根据用途不同，有功德牌坊、功名牌坊、孝子牌坊、贞节牌坊、会馆牌坊之分，没想到，盐亭人还建造了一座惜墨如金坊，这也是中国迄今发现的唯一字库牌坊。

惜墨如金坊高6.2米、宽7.4米，四柱三开间，左右次间各有一字库，坊身开龛，供奉仓颉、孔子、关羽造像，正面和背面正中分别刻有"惜墨如金""学海文宗"四个大字。奇怪的是，牌坊正楼之上还耸立着一座六角楼阁式塔，这种坊上有塔的造型，放眼中国也极为少见。究其原因，字库牌坊

图19-9 盐亭人还修建了一座惜墨如金坊，可见他们敬惜字纸的热情

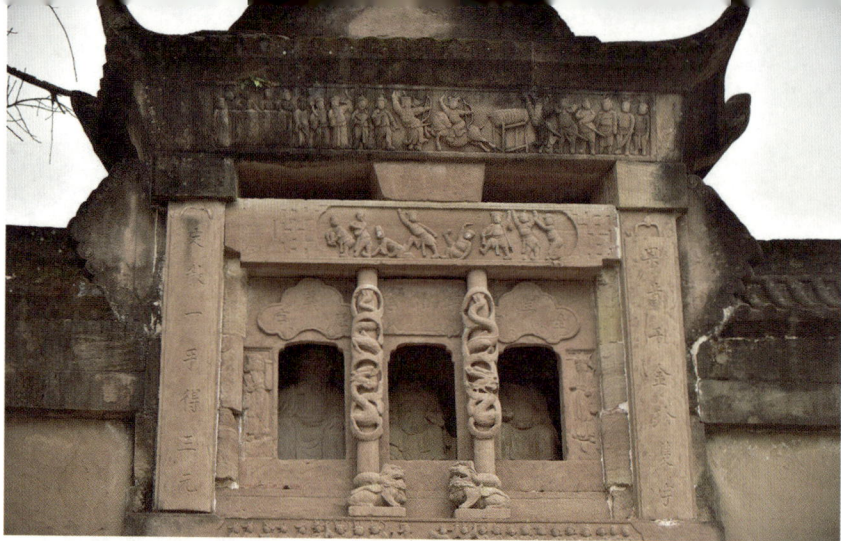

图19-10 惜墨如金坊高6.2米、宽7.4米，四柱三开间，左右次间各有一字库，坊身开龛，供奉仓颉、孔子、关羽造像

虽是牌坊，工匠可能觉得再加座塔更像字库，这才有了这座奇怪的牌坊。

惜墨如金坊坊身、门柱、抱鼓之上镌刻"二十四孝"，比如"郭巨埋儿""戏彩娱亲""弃官寻母"等，还有"三英战吕布""辕门射戟""穆桂英挂帅"等戏剧故事。"辕门射戟"中，一身戎装的吕布奋力拉开大弓，瞄准着远处竖立的戟，戟前还悬挂着一枚铜钱，似乎更加突出吕布百步穿杨的神技。

牌坊的修建者，却是当地一位普通的石匠，坊身的《檬子垭新建字库记》记载了这段往事，作者是文生程鸿绪，他听友人陈蕴山说起此事，感慨之余写下这则碑记。石匠姓金，看到乡人丢弃字纸，屡屡规劝无果，遂与乡民商议筹建字库塔，石匠人微言轻，乡民鲜有响应。石匠领着儿子金大兴独自在山中采石，历时三年，终于凑够了所需石料，此时金石匠家中已快揭不开锅了。金石匠义举感动了乡民，也令读书人自愧不如，他们纷纷捐资，协助石匠建造了这座牌坊。碑文一文一答之间，充满了戏剧性：

余曰："金君何人？"曰："攻石者也。"余曰："家赢足乎？"曰：

"贫也。"……余曰："金君□非通□文字者乎？"曰："略识丁耳。"

清代的社会还流传着许多故事，宣扬敬惜字纸的福报与不敬字纸的恶果，惜墨如金坊上也刻有两则：江陵人郭化卿，算命者曾说他"止有三九之寿，且无子"。化卿平生洁身自好，敬惜字纸，二十七岁那年，化卿坐船外出做生意，偶尔上岸看到满地的碎烂书籍，急忙收捡，船家久等不来便开船离开，化卿后来才听说商船遇到强盗，人货俱没了。逃过一劫的化卿回到家中，妻子已有身孕，并产下一子，再碰到算命者，说他寿命已延至九十八岁。相反，有个叫何吉的常以纸抹桌糊窗，一日用字纸抹了桌子随手扔在地上，家僮误扫入茅厕，两日后天雷滚滚，何吉与家僮俱被震死在茅厕旁。这些故事书写在牌坊上，口口相传，妇孺皆知，敬惜字纸的观念也就流淌在中国大地上了。

晚清中国与西方交流愈加频繁，西方思潮也影响着国人。1898 年出版的《格致新报》提出西方"重字义，不重字迹，故无敬惜字纸之说"，而从资源的角度而言，西方利用废纸再生产，中国人却在"暴殄天珍"，也使得焚烧字纸的行为饱受质疑。民国十九年（1930），中国最后一座字库塔在贵州省瓮安县出现，此后，敬惜字纸信仰逐渐式微，不过那些耆老、书生，却依旧顽固地将字纸投入塔中，传承了数百年的传统似乎并不容易轻易舍弃。

我的老家在江苏扬州市一个小镇上，码头前原来有座砖砌的字库塔，后在"文革"中被毁。幼时写了书法，我年迈的奶奶总是嘀咕，写好的纸不能乱丢，仓颉老爷会怪罪的。幼时的我不解其意，而当我站在惜墨如金坊下时，老人的话却突然浮现在我脑海中，我相信，许多国人都听过这样的唠叨，有过这样的记忆。敬惜字纸的信仰并未因为字库塔的消亡而消失，在中国人的心目中还林立着一座座无形的字库塔，对文字的信仰、敬畏依旧流淌在我们血液中，生生不息，源远流长。

陈家场字库塔塔身雕有精美石刻

广庭村字库塔，由于地处荒野，前来观瞻的人还没有动物来得频繁

龙潭字库位于五龙乡龙潭村，静静伫立于民居旁边

盘龙寺字库塔修建于同治五年（1866），为五层六面形楼阁式

明清

字库塔选址有三种选择，一是寺庙、道观、宗祠、书院附近，二是场镇、集市等公共空间，三在群山之中，绿水之侧，事实上也充当着风水塔的角色

附

出土文物在哪里

2 三星堆博物馆
青铜神树

3 金沙遗址博物馆
遗迹馆

4 成都博物馆
馆藏船棺吸引了许多观众的驻足围观

6 合江汉代画像石棺博物馆
专门收藏金棺

8 盐源县泸沽湖博物馆
青铜带饰

10 四川大学博物馆
收藏有三星堆出土玉石器，汉代画像棺，南朝、唐代石刻造像

10 四川博物院
万佛寺石刻馆陈列了大量出土于万佛寺的造像

13 泸州博物馆
收藏了497件宋代石刻，这个数字还在不断增长

13 泸县博物馆
库房收藏有许多宋刻，不过依旧只是冰山一角

14 彭州博物馆
西大街宋代金银器窖藏大多收藏于此馆

知易行难

认识萧易有十来个年头了，最初认识他时，他是个爱书人，喜欢买书、藏书，家里民国藏本就有近两千本；他还写书，送了我一本《古蜀国旁白》，写此书的年龄不过 20 岁出头，还是四川大学中国语言文学基地班的学生，年轻的活力泛化为在历史深处寻觅的身影，给我留下了深刻的印象。

此后，我们相约寻访古遗址，到了蓬安运山城、金堂云顶城、重庆多功城等，那时的萧易不过二十五六岁，虽然年轻，却有着扎实的史学功底、严谨的考据习惯。2009 年夏天，我请萧易撰写安岳石窟，由此展开了在《中国国家地理》长达十余年的合作，如今，他已经是《中国国家地理》发稿量第一的作家了。

我们历时一年半，前后九次赶赴安岳，在荒山野岭中发现了诸多鲜为人知的石窟。此稿一出，影响不小，也开启了萧易对中国石窟长达十余年的研究，在此基础上，2012 年夏天，他的《空山——静寂中的巴蜀佛窟》

出版，列举出诸多证据，提出了巴蜀石窟是中国石窟下半阕的观点，让尘封已久的巴蜀石窟进入国人视野。

作为编辑，我很清楚这一个个精彩的石窟选题是如何诞生的，萧易总是能从史书方志的蛛丝马迹中找到线索，在历史的瀚海中打捞出一枚枚珠玉。他提出梳理中国道教石窟的观点时，我为之愕然：有资料能撑起这么一个宏大叙事？不想他却娓娓道来：通过耳熟能详的神灵，如千里眼、顺风耳、玉皇大帝、王母娘娘、天蓬元帅，让读者由儿时的记忆延展到历史文化的脉络之中。于是，道亦有形的文化现象跃然纸上，以轻灵之笔描写类似的宏大历史文化是萧易所长。

2018 年 1 月，以道教石窟为题材的专著《知·道——石窟里的中国道教》面世，从出版的角度来看，这是一本比较生僻的书，却在一个多月内首版售罄。这与萧易独到的架构有很大关系，他能从浩繁的学术中跳出来，从藏于荒野的岩壁上，提炼出与我们生活息息相关的鲜活故事，解读道教石窟与中国人的生活：如《西游记》中的玉皇大帝、天蓬元帅，又如八仙等。这些道教神灵的起源、流变，都被他娓娓道来，让我们明白了道教其实一直伴随着我们的生活，道教石窟造像就是不同时代的生活写照，甚至与当时的政治、文化有着化不开的稠密关系。在一篇篇有趣、有料的文章中，萧易完成了对中国道教石窟的探索。

但凡考古上有新的发现，萧易总会去现场一探究竟。2009年，我们正在泸县调查明清龙桥群，他在荒野中看到了诸多宋墓，钻到古墓里不肯出来，我们在墓外等了半天，他才满身泥污地爬出来，兴奋地告诉我，宋墓墓门口的武士，模样与《水浒传》里的梁山好汉非常相似。

影响巨大的南昌海昏侯墓考古，也是萧易前往南昌撰写的。海昏侯墓的发掘尚未结束，成都蒲江县又发现了数十具战国船棺，传说中的开明王朝，也因战国船棺而再度复活。萧易提出原来商业街出土的船棺是开明王朝的宗庙所在，蒲江应该是开明王朝的王族，之所以来到蒲江，可能与食盐有关，历史上蒲江盛产井盐，境内至今仍有不少盐井。

如果只读其文，很多读者会认为萧易应该是中年，甚至老年学者。在不少场合，我们常常遇到大相径庭的场景，有人看到萧易，往往惊叹："你这么年轻呀！""看你的文字，以为是位老先生呢！"萧易是年轻，生于1983年，以如此青春的年华，却深耕于历史文化之中，并陆续推出《古蜀国旁白》《纵目神时代》《金沙》《空山——静寂中的巴蜀佛窟》《知·道——石窟里的中国道教》《影子之城——梁思成与1939/1941年的广汉》等一系列作品。

2018年5月出版的《影子之城》，以梁思成、刘致平两位营造学社成员在四川广汉拍摄的560张照片为基础，再现了中国古城的布局，探讨中国城市与建筑的关系、中国人与建筑的关系。以小城广汉为"影子"，找寻中国文化的"大影子"。此书入选广西师范大学出版社2018年度"十大好书"，好评如潮。

作为编辑，我是幸运的，有此浸淫于历史长河的优秀作者，才有了这十年在《中国国家地理》好稿不断的惊喜；作为朋友，我是幸福的，萧易用作家的缜密之思，观照生活的点点滴滴，小到伴手礼，大到石窟下的茶事，总是让人如沐春风。

萧易十余年的考古寻访，汇成这本《寻蜀记》。从新石器时代到清代，将四千余年的四川历史作了有序梳理，通过生动的考古发掘，具体而微地讲述历朝历代的故事。那些原本不见于史料记载的人物，也在他笔下变得鲜活起来：从西北迁来的古羌人，崇尚大石的邛人，做生意的好手笮人……

《寻蜀记》涉猎广泛，考察深入，史料丰盈。与其他写四川的书籍相比，《寻蜀记》从考古进入四川历史，从遗址解读巴蜀文化，书中的考古发掘大多是萧易参与的，而那些荒野中的遗址，也是他一步步踏访、整理的。

俗话说，知易行难，我想这句话用在萧易与《寻蜀记》上特别合适——这就是一本"行难"的作品。

刘乾坤　作家、《中国国家地理》杂志编辑

作 者 简 介

萧易　1983年生于江苏扬州，2005年毕业于四川大学中国语言文学基地班，现担任《天府广记》杂志主编，《中国国家地理》《南方周末》等专栏撰稿人。曾出版《古蜀国旁白》《唤醒纵目神》《纵目神时代》《金沙》《知·道——石窟里的中国道教》《影子之城——梁思成与1939/1941年的广汉》等专著。

封面绘图　卢引科　金磊磊

摄　影　陈新宇　陈凤贵　程必轮　邓崇刚　冯荣光　甘　霖　何锟宇
　　　　　胡小平　江　聪　贾雨田　刘　莉　刘忠俊　刘乾坤　李绪成
　　　　　李　升　李　辉　冉玉杰　王　炘　王　勤　向文军　余茂智
　　　　　余　嘉　闫　青　颜晓云　张云飞

先
秦

秦
汉

南
北
朝

中江塔梁子崖墓

三星堆遗址

汉阙
（雅安、渠县等）

盐源老龙头遗址

宝墩遗址

01　02　03　04　　　　05　06　　　07　　　08　09　　　　10

船棺
（蒲江、商业街等）

金沙遗址

合江画像棺

安宁河流域大石墓

成都万佛寺石刻造